0.1
퍼센트
귀인을
만나라

사람은 또 다른 사람을 통해 큰 성장과 가능성을 발견할 수 있다.
바로 그 사람이 귀인이다.

사람에 투자하라!
세상에 누구도 귀인 없이 성공할 수 없다.

0.1퍼센트 귀인을 만나라

초 판 1쇄 2022년 03월 24일

지은이 김소정
펴낸이 류종렬

펴낸곳 미다스북스
총괄실장 명상완
책임편집 이다경
책임진행 김가영, 신은서, 임종익, 박유진

등록 2001년 3월 21일 제2001-000040호
주소 서울시 마포구 양화로 133 서교타워 711호
전화 02) 322-7802~3
팩스 02) 6007-1845
블로그 http://blog.naver.com/midasbooks
전자주소 midasbooks@hanmail.net
페이스북 https://www.facebook.com/midasbooks425
인스타그램 https://www.instagram.com/midasbooks

© 김소정, 미다스북스 2022, *Printed in Korea*.

ISBN 979-11-6910-004-5 03190

값 16,500원

당신의 부와 행운을 100배 올리는 비법

0.1
퍼센트
귀인을
만나라

김소정 지음

남보다 100배 더
성공하는 사람들의 비밀!

미다스북스

당신은 어떤 사람입니까?
0.1퍼센트 상위 계층을 만난
경험이 있습니까?

나는 카타르항공, 대한항공 면접 전형에 합격을 한 경험을 가지고 있다. 면접에서 탈락하기도 했지만 그런 경험을 통해 다양한 항공사에서 합격을 이루었다. 아시아나항공을 시작으로 일본 ANA항공사, 만수르 항공사라고 불리는 왕실 본사인 중동 국영 에티하드(ETIHAD)항공사, 이탈리아 항공사 등 대한민국, 일본, 중동, 유럽 각국을 대표하는 항공사에서 승무원으로 근무했다.

전 세계를 무대로 누비고 0.1퍼센트의 상위 계층을 포함한 다양한 사람과의 관계를 맺으며 무한한 경험을 해왔다.

중동 에티하드항공사에서 근무했을 때 대통령 수행경호 통역을 하게 된 경험에 이어, 경주엑스포 교육 담당과 고위직 공무원 수행 의전을 맡기도 했다. 이러한 다양한 경력 덕분에 방송국에서 출연을 초청받아 방송과 미디어 활동을 시작하게 되었다. 현재는 전국소년소녀가장돕기시민연합 홍보위원으로 활동하며 대학생 교육 및 공무원 민원응대 교육과 함께 방송 활동을 하고 있다.

제4차 산업혁명 시대와 더불어 코로나 바이러스 때문에 세상이 한층 더 급격히 변화하고 있다. 이렇게 변화하는 세상에서 내가 줄곧 중요하다고 믿어왔던 것은 사람이었다. 누구보다 발 넓게 사람과의 관계를 경험하며 연구해오며 몸소 느낀 점은 사람과 사람과의 관계에 대한 소중함이었다. 나는 특별한 경험들 속에서 사람과의 관계가 크고 중요한 경험이 될 수 있다는 점을 깨달았다.

이 책은 귀인을 만나기 위해서는 긍정적인 습관과 자세가 중요하다는 것을 알리기 위해서 썼다. 성공과 기회를 잡고 싶은 MZ세대와 청년들에게 20대 시절부터 인생에서 성공한 0.1퍼센트의 귀인과의 만남을 이어온 경험을 공유하고 싶었다. 단순히 돈 잘 벌고 유명한 사람들이 아니라 '귀인'이라는 색다른 의미를 이야기하고 싶었다. 사람을 통하여 더 큰 성장과 가능성이 열린다는 점을 알리고 싶어서이다.

MZ세대뿐 아니라 자녀가 있는 학부모분들께도 이 책을 권한다. 이 책에 나오는 이야기들은 미래를 이끌어갈 자녀들도 반드시 숙지해야 할 부분이 있다. 나는 귀인을 만나기 위해 노력하고 또 만나면서 화법, 자세, 행동적 이미지, 퍼스널 브랜딩을 100퍼센트의 노력으로 업그레이드시킬 수 있었다. 물론 혼자만의 노력으로 이루어졌다고 결코 말할 수 없다. 수많은 사람들을 만난 경험을 통하여 보고 배울 수 있다.

마지막으로 언제나 옆에서 내 편이 되어주는 가족, 옆에서 함께하는 친구, 책 집필부터 함께 해주신 모든 귀인분들께 이 글을 통해 감사의 마음을 전합니다. 항상 뒤에서 도와주시며 응원해주시는 멘토 오준일 이사님, 김석원 부장님, 달마 삼촌 외 많은 귀인분들과 영국 치체스터 대학원 졸업에 성공할 수 있도록 끝까지 응원해주시고 격려해주신 교수님과 ICL 관계자분들 덕분에 용기 내어 책을 쓸 수 있었습니다.

코로나로 어려운 시기에 유튜브와 개인방송으로 밤낮으로 함께 울고 웃으며 소통하고, 누구보다 가까이에서 저를 진심으로 응원주시고 도와주셨던 시청자분들께도 인사드립니다. 혹여 호명해드리지 못하는 분이 있을지라도 너그러히 이해해주시고 진심으로 감사하다는 인사를 드립니다.

JK님, 1년 이상 매니저로 도와주신 4455님, MK님, 전주토끼님, 카캐리님, rainnism님, 뚜라님, graykiller님, sinobu님, 아메님, 한그릇님, 홀로님, 미니서치님, 호랑이님, 제라블봉원님, 화성토끼박사님, 4310님, 집사님, 냉이님, 셔스님, 윤범님, sakool53님, 수설님, 혁희님, lajogi님, brian님, hcok434님, 연옌남친님, 해남님, 바람돌이님, 갈굼당대표님, 지민님, hypnosis님, yamaking님, bobe님, 협객님, 늑돌이님, 펭수님, 재키님, 푸우님, 버스님, 빠끄님, 알맹님, 하이님, 사랑역님, 끈남님, 렁내님, 주리님, DJ시인님, 시끼님, 뽀야님, 쪼아님, giggs6304님, killxt1님, faceoff님, jet205님, 나눔님, hoonsek님, sweete80님, jlssn98님, kamael1265님, pm3335님, bluerain7님, nawasaki님, thepixel7님, thepixel7님, hjjohan님, kmk08240님, f2ex222님, muse1052님, 시청자이자 친구였던 리노, 라떼란말이야님, 그 외 ID를 써드리지 못한 모든 분들께 진심을 담아 감사한 마음을 전합니다.

마지막으로 이 책을 빛나게 해주신 미다스북스 출판사 대표님 외 관계자 귀인분들께도 감사의 마음을 전합니다.

목 차

챕터 1 나는 부동산, 주식 말고 사람에 투자한다

챕터 2 당신에게는 인생 귀인이 있는가?

챕터 4 인생의 귀인을 구별하는 6가지 원칙

챕터 5 귀인이 저절로 찾아오게 하는 6가지 방법

———

나는 부동산,
주식 말고
사람에 투자한다

1

귀인을 못알아보는
귀인 하꼬?

하꼬는 경남 지방 사투리이다. 최근 1인 미디어에서 시청자가 적은 방송을 '하꼬 방송'이라 하기도 한다.

당신은 '귀인 하꼬'인가? 귀인이라 함은 내 인생의 올바른 방향을 지도해주는 사람을 말한다. 중국에도 貴人(귀인)이라는 단어가 있다고 한다.

중국에서 귀인은 인덕과 학식이 있으며 비범한 분위기의 사람을 말한다고 한다. 그러나 우리나라에서 '인생의 귀인'이라는 단어는 익숙하지 않은 것 같다.

만약 당신을 도와줄 수 있는 은인과 귀인이 적다면 당신은 귀인 하꼬라고 볼 수 있다. 귀인을 만났는데 지나친 걸까? 혹은 귀인이 있는데 알아보지 못하는 걸까? 나도 처음에는 주변에 나를 도와주는 사람이 적었던 귀인 하꼬였다.

지난 2019년 고요했던 겨울, 그때 우리는 아무도 바이러스가 이렇게 전 세계를 덮칠 것이라고 예상치 못했다. 1월, 내가 늘 봐오던 외신뉴스에 중국 우한시에서 사람들이 코로나 바이러스에 감염되어 쓰러지고 병원에 실려가는 영상들이 나오기 시작했다. 나는 유튜브, 카톡에 저장된 모든 단톡방 그리고 주변 사람들에게 이 사실을 알리고 경고했지만, 아무도 내 이야기를 들어주지 않았다.

그리고 시간이 흘러 2019년 가을 즈음, 난 이상한 기운을 감지했다. 지인이 다니던 회사가 갑자기 문을 닫아 내 지인이 일자리를 잃었다. 나는 그 지인과 함께 영상 미디어에 관한 공부를 시작했다. 그리고 코로나 바이러스가 퍼지면서 점점 더 일이 없어지기 시작했다.

그러나 여느 때와 같이 나는 사람에 투자할 수 있는 곳을 찾아다녔다. 앞으로 다가올 큰 재앙이 우리를 위협할 것이라는 생각이 들어서였다. 모두가 공포에 사로잡혀 있을 때, 오히려 많은 사람을 만나려고 노력했다.

귀인을 만나려면 사람들이 많은 곳에 가서 뭐라도 하고 주변의 사람들을 잘 챙기는 것이 중요하다. 약 6년 동안 강의와 방송 활동을 해온 내게 코로나 바이러스는 큰 재앙이었다. 하지만 난 이런 상황에서 21대 국회의원 미디어팀장으로 활동을 할 수 있었고 연이어 국회의사당에서 잠시 활동을 경험할 수 있었다. 이 모든 경험과 더불어 1인 미디어 활동을 새로운 직업으로 삼아 방송 활동을 시작해나가고 있는 중이다. 나의 피나는 노력으로 교육 분야에서 약 6년 동안 활동해오면서 귀중한 귀인분들을 만날 수 있었다. 난 직업방송에도 몇 번 용기를 가지고 출연을 한 경험이 있다. 이어 2019년 가을 신인 MC상을 수상하였다.

사실 1인 미디어 활동은 도무지 자신이 없었다. 그러나 내 활동 범위가 남다르게 넓다 보니 다양한 사람들을 만날 수 있었다. 자산이 몇십 억인 방송 전문가분도 알게 되었다. 타인을 잘 믿지 않는 나는 처음에 그분을 의심의 눈초리로 날카롭게 볼 수밖에 없었다. 그 귀인을 우연히 만나고 이야기를 듣다 보니 마음이 열려 격려도 받았지만, 여전히 나는 방송을 해야 할지 어떻게 해야 할지 자신이 없었다.

몇 달 동안 나는 아무 것도 하지 못했다. 1인 미디어를 어떻게 시작할지 심각하게 고민만 하고 있었다. 매 순간 도전하는 성격이었는데도 참 어려운 결정이었다. 그때 '그렇게 있지 말고 빨리 내일부터 방송을 시작해보라'는 한마디를 해준 사람이 있었다. 그 말을 들었을 때 '내 인생은 내가 알아서 하는 건데….'라고 생각할 수도 있었지만 나는 '그래! 한번 해보자! 그까짓 것!'이라는 마음이 들었다. 그리고 정말 핸드폰 하나로 생방송 라이브 스트리밍 방송을 시작하게 되었다. 그렇게 전문 장비도 없는 열악한 상황에서 내 방송은 하꼬 방송이었다. 5명 정도가 들어와주셨는데, 너무나도 감사했다.

내 부족한 방송을 와서 시청해주신다는 것만으로도 감격스러웠다. 지금까지도 시청자분들께 항상 감사한 마음을 잊지 않고 한 분 한 분 닉네임과 성함을 기억하고 있다. 이런저런 열악한 상황에서 아무것도 몰랐지만 맨땅 시멘트에 헤딩하는 느낌으로 방송을 진행해나갔다.

이렇게 어렵사리 방송을 진행하는 도중에 나는 또 다른 귀인을 비대면으로 만나 뵙게 되었다. 평소에 조용히 지켜봐주시던 분이셨는데 정말 하염없이 응원과 격려를 아낌없이 해주셨다. 어려운 상황에서 내가 더 감사했던 것은 '55'라는 아이디의 시청자 한 분이 누구도 줄 수 없는 귀한 정보를 주신 일이었다.

이렇게 코로나와 함께 개인방송 활동과 교육을 하면서 나는 평소보다 더 다양한 귀인을 비대면으로 만날 수 있었다. 평소 오프라인 활동 범위보다 온라인 비대면 활동이 몇 배로 더 확장된 것을 느낄 수 있었다.

취업자가 줄어 '최악'이라는 뉴스 기사가 통계청 자료와 함께 발표됐다. 제4차 산업혁명과 코로나가 창궐한 이 시대, 지금 당신은 안정적인 삶을 살고 있는가? 아르바이트를 찾기 어려운 대학생들과 경제 위기를 느낀 성인들은 부동산과 주식, 비트코인에 집중하고 있다. 특히 코로나가 장기화가 되면서 사람들은 이전보다 더 직업을 잃었고, 돈을 버는 수단도 바뀌었다. 불안정한 시대에 살면서 우리는 부동산과 주식, 비트코인이 아니라 사람에 대한 투자를 우선시해야 한다. 모두가 혼란스러운 이러한 상황에서 나를 도와줄 수 있는 귀인을 만날 수 있다면 어떨까?

사람에 투자하라! 세상에 누구도 귀인 없이 성공할 수 없다. 귀인을 만나는 일은 인생에서 너무도 중요한 일이다. 당신은 몇 명의 귀인을 만났는가? 어떤 사람을 위해서 올바른 방향으로 이끌고, 진짜 꿈을 좇을 수 있도록 하던 방송을 그만두게 했다면 그 역시 귀인이라고 생각한다. 난 귀인의 덕분에 잘못된 인연을 맺은 사람과도 관계를 끊을 수 있었다.

지금까지 귀인을 몰라봤다면 앞으로 반드시 귀인을 알아볼 수 있도록 하자. 당신 주변에는 당장 손익만 보고 갑작스럽게 접근해 잘해주려는 사람도 있을 것이다. 혹은 당신 자신이 목표만을 이루기 위해서 기회주의자로 살아가고 있을지도 모르겠다. 그런 사람을 곁에 두는 것도 안 되고, 당신 자신도 그런 기회주의자로 살면 안 된다. 다시 한 번 묻겠다. 당신에게는 귀인이 있는가? 귀인을 알아볼 수 있는가? 아니면 당신은 귀인 하꼬인가?

함부로 하지 못했던 '귀인'이라는 말

내가 방송을 시작하며 책 집필을 한다고 언급한 '귀인'이라는 단어가 개인방송 하는 BJ들 사이에서 유행을 타고 있다. 돈을 후원해준 분들에게 '귀인을 모십니다.'라고 언급하는 것이다. 그러나 귀인이라는 말을 함부로 남용하지 않았으면 좋겠다. 2020년 가을부터 나는 귀인이라는 말을 함부로 한 적이 없다. 왜냐하면 귀인이라고 말한다고 해서 그분들에게 보답해드릴 수 있는 것이 없었기 때문이다.

2

귀인 하꼬에서
벗어나라!

　당신은 귀인을 만난 적이 있는가? 혹은 주변에 귀인이 있는가? 내 주변 사람들 중에서는 귀인을 만났다는 사람이 한 명도 없다. 오히려 사람에게 사기를 당하거나 오히려 어려움을 당한 사람이 많다. 많은 사람들이 말한다.

　"너는 코로나 같이 힘든 상황에도 별로 어려움에 처하지 않은 것 같아."

　난 답한다.

"왜냐면 난 사람에게 투자하니까…. 나는 사람에게 투자해."

내가 사람에 투자해야 한다고 깨닫게 된 건 특별한 주변 환경 때문이다. 첫째, 나는 운이 좋게도 세계 1퍼센트의 사람들과 고위 공직자분들을 만나며 그들을 관찰할 수 있었다. 그 성공한 사람들의 공통점은 모두 항상 무언가를 하고 있다는 것이었다. 생각만 하는 것이 아니라 무언가를 하고 사람을 만나고 또 만나는 모습이었다. 성공한 사람들에게는 어떠한 문제 혹은 일에 대한 답을 사람에게서 찾으려고 하는 모습이 많다.

둘째, 내가 어렸을 때부터 아버지가 지병으로 아프셨다. 나는 어려움을 어린 나이에 크게 겪었다. 이러한 환경 덕분에 또래들보다 철이 빨리 들었다. 이러한 환경은 내게 새로운 사람들을 적극적으로 만나는 습관을 안겨주었다. 그러면서 나는 최대한 할 수 있는 만큼 사람에 투자하게 되었다.

제4차 산업혁명 시대가 도래하면서 내가 아는 지인만 해도 4명이 파산했다. 직업을 잃고 경제적으로 어려워지는 사람들이 무척 많아졌고, 사람들은 더욱 더 이기적으로 변해가고 있다. 하지만 사람들은 진정으로 너무 중요한 것을 모른 채 지나치고 있다. 그것은 바로 우리가 사람에 투자해야 한다는 것이다. 여기서 제대로 알아야 할 것이 있다. 사람에 투자한다는 건 자신, 그리고 타인에게 투자한다는 의미다.

옷을 사거나 화장품을 사는 것이 아니다. 내 능력치를 높이는 것이다. 예를 들면, 아주 여러 가지의 능력을 높일 수 있는데, 의사소통 능력, 대인 관계 능력, 경청 능력, 내 자신을 가꾸는 퍼스널 브랜딩(Personal Branding) 능력, 의사 결정 능력, 상황 판단 능력, 어학 능력 등이 경험치가 될 수 있다.

당장 돈을 벌어야 하는 상황에 취업 걱정이 컸던 내 20대 시절이 생각난다. 20대에 나는 외모에 신경 쓰는 것보다 퍼스널 브랜딩, 사람들과 잘 어울릴 수 있는 대인 관계 능력에 치중했다. 나는 이미지 메이킹에 관심이 많았지만 그것은 빨리 배울 수 있으니, 습득에 오래 걸리는 것에 보다 신경 썼다. 인터넷 커뮤니티 사이트에 모르는 사람들을 주도적으로 모집해서 스터디 모임을 운영하기도 했다. 낯설고 새로운 사람들과 협력하는 법을 배웠고 많은 사람을 보는 습관을 가졌다. 나와 다른 사람들은 어떤 생각을 하는지 경청하고 공감하는 능력을 키웠다.

나는 지금까지 약 5년 동안 100개 이상의 공공기관과 대학교에서 교육을 해왔다. 그리고 개인방송을 하면서 다양한 연령대의 사람들과 소통을 해오고 있다. 보통 일반적으로 20대와 30대에게 시간과 돈을 어디에 투자하냐고 물어보면 보통 화장품, 옷 사기, 게임기, 온라인 게임 등이라고 대답한다. 본인 개인에게 필요한 소지품과 취미생활에 투자를 많이 하는 걸 볼 수 있다. 안타깝게도 돈도 많이 벌고 싶고 기회를 잡고 싶은 사람들이 자신의 시간과 돈을 어디에 투자해야 하는지 모르는 것이다.

어떤 정보를 얻으려면 사람을 만나야 한다. 새로운 사람들을 많이 만나고 귀인도 만나야 한다. 흔히 성공한 삶을 살 것이라고 예측하는 고학력자 중에서도 인생의 후반에 어려운 상황에 처해 있는 사람들을 만날 수 있는데, 그 이유는 주변에 자신을 응원해주고 도와주는 귀한 사람, 즉 귀인이 없기 때문이었다.

나는 명문 대학을 다니고 있는 학생들과 만난 적이 있었다. 한 친구를 가만히 살펴보니 은연중에 사람을 무시하거나 기본적인 인사조차 할 줄 모르는 모습을 발견할 수 있었다. 특히 배려하거나 겸손하기보다 자기보다 잘나고 성공한 사람을 만났다는 이야기만 했다. 또 다른 친구 역시 먼저 인사를 제대로 하는 경우가 없었다. 이 두 사람에게 절실한 도움이 필요한 때에 결정적으로 이들을 도와줄 수 있는 귀인이 나타나지 않았다.

나는 타인에 대해 개인적인 시각으로 선을 긋거나 무시를 하기보다 취향이 다르고 불편한 사람일지라도 그의 생각을 들여다보려는 습관을 가질 수 있었다. 사람을 이해하려고 하는 사람에게 귀인이 나타난다. 귀인은 갑작스레 나타나 바라는 것 없이 전격적으로 당신을 도와줄 수도 있다. 하지만 당신이 인간의 상도를 모르는 사람이라면 오랫동안 당신 곁에 머무르진 않을 것이다.

나는 귀인을 찾기 위해 당신에게 기회주의자가 되라는 말을 하는 것이 아니다. 귀인은 당신의 주변에서 평소 당신의 모습을 오랫동안 지켜보고 있을 수도 있다. 귀인은 당신이 투자할 가치가 있는 사람인지를 평가한다.

　지금 당신은 인생에서 가장 중요한 시기인 20~30대에 귀인을 알아볼 수 있는 능력이 있는가? 혹은 당신이 사귀고 있는 사람들이 피해를 주는 사람인지 도움을 주는 사람인지 구별할 수 있는 능력이 있는가? 구분할 수 있어야 한다. 주변에는 당장 손익을 따지며 갑작스럽게 접근해 당신에게 잘하는 사람도 있을 것이다. 혹은 당신이 목표만을 이루기 위해서 기회주의자로 살아가고 있을지도 모르겠다. 당연히 당신도 그런 기회주의자로 살면 안 된다. 빨리 귀.인.하.꼬.에서 벗어나자!

프랑스 유명 기자 Martin Weill

3

귀인을 반드시 만나야
하는 이유

〈신과 함께〉라는 영화에서 저승 3차사는 주인공 김자홍을 19년 만에 나타난 귀인이라고 말한다. 이 영화에서 귀인의 정의는 억울한 죽음을 당해 천수를 누리지 못하였거나, 자신보다 남을 돕고 정의로우며 남을 항상 배려하며 살았던 망자를 말한다.

당신은 귀인을 만난 적이 있는가? 지금까지 전 세계를 방문해 다양한 국적의 사람들을 만나며 배워온 것은 사람의 중요성이다. 긍정적인 에너지를 풍기는 사람들, 행복한 사람들은 모두 사람과의 관계를 위해 많은 노력을 기울인다.

전 세계와 우리 모두가 앞으로 풀어야 할 숙제를 줄여서 세 가지로 나눌 수가 있다. 첫 번째, 저출산 문제, 두 번째, 급변하는 환경에 세대 차이 갈등 문제, 세 번째, 바이러스와 환경 오염 문제이다. 이 세 가지는 지속적으로 문제가 되고 있다. 이 문제를 해결할 수 있는 것은 사람만이 가능하다.

20대에 나는 거절을 잘 못 하는 사람이었다. 그래서 아주 많은 사람들을 사귀는 것이 가능했고 흔치 않은 기회를 얻기도 했다. 근데 최근 사람에 대한 냉정한 통찰력이 생기며 상도에 어긋난 요구를 단칼에 거절하는 법도 터득했다. 도움을 갈구해서 도와줬던 사람이 내 뒤통수를 후려갈기는 경우도 있었기 때문이다. 심지어 도와준 내게 도리어 뭐라고 한 사람도 있었다. 시간이 갈수록 사람들의 변하는 걸 보면서 이렇게 단호박이 되기도 했다.

이러한 과정을 겪으며 나는 더 큰 사람이 되기로 했다. 내가 손해를 보거나 화가 치솟더라도 참고 용서를 하게 되는 경지까지 올랐다. 왜 그렇게 해야 하냐고 묻는다면 답은 아주 간단하다. 내가 겪은 진귀한 일들 때문이다. 내가 손해를 보는 만큼 하늘에서 보상을 주듯 좋은 일이 생기기 때문이다.

"성공이라는 것은 당신에게 어떤 의미인가요?"

"명예와 돈 중에서 한 가지를 선택해야 한다면 어떤 것이 중요한가 요?"

면접관들은 이러한 유형의 질문으로 지원자의 가치관을 확인한다고 한다. 보통 본심이 나오거나 당혹해하는 경우가 많다. 괄탈하는 사람들은 '돈이 중요합니다!', '명예가 중요합니다!'라고 대답을 한다. 사람이 자기가 가진 것에 대한 만족보다 더 많은 욕심과 허영을 갖는 심리를 이용한 질문이다. 인생에 쓴맛을 겪어보거나 어려웠던 적이 있던 사람들 그리고 '다.만.추.'를 통해 시야가 넓어진 사람은 이렇게 대답한다.

'사람들은 인생에서 명예와 돈은 둘 다 중요시 생각합니다. 하지만 저는 그 두 가지 중에서 한 가지를 반드시 선택해야 한다면, 혹은 저는 두 가지 이외에 대답을 할 수 있다면 사람이 중요하다고 생각합니다.'

많은 욕심과 이기심은 본인의 어려운 상황을 더 어렵게 만드는 경향이 있다. 경제적으로나 환경적으로 전 세계가 어려운 상황에서도 어려움을 겪기보다 좋은 기회를 얻고 기적과 같이 생각지 못한 곳에서 도움을 받게 되는 경우가 있다. 이렇게 운이 좋은 사람들의 공통점을 보면 주변에 자신을 응원해주고 긍정적으로 항상 격려해주는 좋은 사람들이 있다는 것이다. 인기와 사람들의 사랑으로 살아가는 잘 알려진 연예인을 보면 사람의 중요성을 잘 알 수가 있다. 한 사람을 연예인으로 탄생시키기 위해 많은 사람들의 격려와 응원 그리고 사람들의 도움과 노력이 필요하다.

　내가 좋은 일은 스스로 혼자서 만들 수가 없다는 것을 일찍 깨닫게 된 계기가 있었다. 내가 편입을 하고 3학년 1학기에 너무 빨리 조기 취업을 하게 되어 문제가 있었던 적이 있다. 교수님은 미출석 부분을 리포트로 대체해줄 수 없다고 단호하게 말하셨다. 그때 '학교의 가르침이 무엇일까?'라는 생각이 들었다. 물론 훌륭하신 학자이신 교수님의 교육철학도 맞다고 생각한다. 하지만 그 당시 난 졸업을 시켜줄 수 없다는 교수님의 단호한 말씀, 그리고 빽으로 취업했냐는 말에 너무 분노했다. 어렵게 노력해서 취업에 성공했는데 이렇게 말씀을 하시다니…. 울음이 터졌다. 하지만 울고 있는 나를 외면한 교수님은 끝까지 단호했다.

　그 당시에도 취업은 쉽지 않은 일이었다. 귀가하여 너무 속상해하는 나를 본 어머니는 "당당하게 이야기해!"라고 하셨다. 우리 외할아버지가 교장 선생님이셨기 때문에 어머니는 학교의 시스템을 잘 알고 계셨다. 다음 날, 나는 공손한 태도를 바꾸어 교수님에게 교수님이 졸업을 못 시켜주시겠다고 인격모독을 하며 함부로 이야기한 부분을 총장님에게 다 보고 드리겠다고 이야기했다. 그 후, 그 당시에 학과장이셨던 교수님께서 날 연구실로 부르셨다. 나도 개인적인 나의 상황을 최대한 정중하고 간곡히 말씀을 드렸다. 교수님은 내 사정을 들으시고 미안하다고 하시면서 타이르고 좋게 이야기를 해주셨다. 불공정으로 순수했던 20대의 분노를 일으키신 교수님이 너무 밉고 화가 났다. 하지만 어르신과 스승에 대한 예의를 갖추지 못한 부분에 대해서 죄송하기도 했다.

우리의 인생에서 한 가지의 빛과 희망이 있다면 이러한 진흙탕 같은 사람들도 좋은 사람으로 변할 수 있다는 믿음이다. 또한 좋은 사람들도 있다는 것이다.

이 경험으로 난 반드시 의견을 차근차근 이야기를 해야 한다는 것을 배웠다. 또한 그 계기를 통하여 학과장님이 내가 승무원 합격 특강을 할 수 있는 자리를 마련해주셨고 25세에 강단에 처음 설 수 있도록 해주셨다. 일본 항공사에서 아랍에미레이트로 이직을 하게 된 것도 교수님의 전격적인 도움이 있었다. 이러한 경험과 함께 내가 성장할 수 있었다. 또한 취업을 하더라도 교수님과 나를 지지해주는 분들의 도움도 필요하다는 것을 알게 되었다. 교육자이신 교수님은 내가 밥을 사거나 돈을 드리는 것을 원하는 것이 아니었다. 존중과 존경하는 마음을 가르쳐주시고 싶었던 것이었다. 내가 사람을 존중하고 존경하는 마음을 가지도록 해주셨다. 승무원으로 근무하면서 이직에도 성공할 수 있었고 졸업에 문제가 되지 않도록 리포트도 공부도 열심히 비행과 병행하여 집중을 할 수 있었다.

내 인생에서 어려울 때, 나를 전격적으로 도와주는 사람들을 귀인이라고 칭한다. 난 이러한 어려움을 겪으며 교수님을 비난하기보다 내가 성장하고 배울 수 있었던 점을 생각했다. 이런 경험은 내가 직장에 들어가서 도저히 맞지 않는 상사를 만나더라도 존중하는 마음을 가질 수 있게 해준 동기가 되었다. 이렇게 자그마한 경험들은 모두 너무나도 소중했다. 어려운 상황에서 내 태도에 따라서 귀인이 언제 어디에서 나타날지 모른다.

항공운항학과 예비 승무원 교육 중

4

20~30대에 꼭 만나야 하는
인생 귀인

사람에게는 생애 주기가 있는데 그 나이대 평균 사람이 반드시 해야 하는 것을 말한다. 예를 들어 8살이 되었을 때, 초등학교에 입학을 하는 것, 14살에 중학교에 입학하는 것, 그 즈음에 사춘기 시기를 겪는 것 등 이다. 이와 같이 나이대별로 시기에 따라 내가 반드시 만나야 하는 사람 이 있다. 사람은 에너지와 기운을 가지고 있는데 내가 어떤 사람을 만나 는가에 따라 내 인생도 운명도 180도로 바뀔 수가 있다. 누구나 주변에 악인과 귀인이 있다.

전 세계를 무대로 수많은 사람을 만나며 배운 것은 사람의 중요성이다. 비행기 기내에 특히 상위 클래스에 탑승하신 분들 중에서 긍정적인 에너지를 풍기는 분들과 어떤 특별한 지위가 있어서 품위가 느껴지는 분들을 응대하며 느낀 것이 있다. 이 사람들은 사람에 투자를 하고 사람과의 관계를 위한 소중한 시간을 보내고 있다는 것을 알았다.

20대에 반드시 만나야 하는 첫 번째 귀인은 인생을 뒤바꿀 수 있도록 터닝 포인트를 안겨주는, 내게 쓴소리를 하는 사람이다. 20대에 난 방황을 할 여유가 없었다. 그래서 난 절박한 심정으로 다.만.추. 하며 아무리 내게 쓴소리, 내가 듣기 싫은 이야기를 하는 사람들의 조언도 기꺼이 받아들였다. 물론 듣기 싫은 아주 쓴소리를 들으면 기분이 나쁘고 무시당하는 느낌이 들며 멘탈이 한 방에 나갈 수 있다.

인간이란 나약한 존재이기 때문에 상처를 받는다. 그것을 극복할 수 있는 능력을 본인이 갖추어야 한다. 그렇지만 나이가 어릴수록 상처를 극복할 수 있는 열정과 패기가 있고 무서울 것과 잃을 것이 적다. 한 해가 지날수록 어떠한 환경에 재빠르게 적응할 수 있는 능력이 현저하게 떨어진다. 그래서 20~30대에 반드시 쓴소리를 해주는 귀인을 놓치지 말라는 것이다. 내가 듣기 싫은 소리도 들으려고 하는 긍정적인 마음 그리고 노력이 있었기 때문에 나는 소중한 기회를 더 만날 수 있었다.

그리고 반드시 만나야 하는 두 번째 귀인은 내가 방황하고 힘이 들 때

나의 고민을 들어주기도 하고 다독여주는 사람이다. 실제로 내가 취준생 시절 승무원 최종 면접에 탈락했던 경험을 한 적이 있는데, 그때 포기하지 않고 스터디장을 하며 만난 언니와 오빠들이 있었다. 어떻게 보면 실패했던 경험이 사람과의 연을 더 중요시 여길 수 있도록 도움을 주었다.

내가 20대에 함께 공부를 했던 사람들을 내 인생의 귀인이라고 칭하는 이유는 바로 또래들 사이에서는 배울 수 없는 새로운 가치관과 생각을 배울 수 있었기 때문이다. 또한 그 사람들을 통해 내 자신이 성장할 수 있었기 때문이다.

공통적으로 어려움에 처한 친구들을 보면 안타깝게도 주변에 귀인이나 멘토가 없었다. 어느 날, 내가 아는 친구는 자신이 학창 시절에 항상 반장을 도맡았으며 공부도 잘했다고 했다. 코로나 시기에 그 친구는 원하는 일을 하지 못하게 되었다. 어려움을 가지고 있는 듯한 친구에게 도움을 주지 못해서 미안했다. 내가 바라본 그 친구는 다른 또래보다 자산이 있는 편이었으며 집안 상황도 나쁘지 않았다. 하지만 제3자의 시점으로 그 친구 주변 친구들을 봤을 때 허세로 둘러싸인 부류가 많은 것 같았다. 항상 대화의 주제는 돈 그리고 돈, 또 돈이었다. 그러한 삶이 피곤하고 행복해 보이지 않았다.

아마 귀인이 본인 주변에 있다는 것을 모르는 사람이 많을 것이다. 어떻게 귀인을 모셔야 할지도 모르는 사람들이 많다. 20대에 사람을 대하고 인연을 맺는 법을 몰랐던 사람이 30대, 40대가 되어 좋은 기회를 찾으려고 하는 것은 현실적으로 불가능한 일이다. 사람을 대하는 법을 모르고 대화법을 모르는 사람이 어떻게 귀한 사람과 연을 맺을 수 있겠는가? 지금 내 주변이 너무 시끄럽다면 잠시 나만을 위한 시간을 가지는 것은 나쁘지 않다. 30대가 되기 이전에 20대에 반드시 해보아야 하는 것 중 하나가 스스로 나 자신을 바라보는 것이다.

사람들은 시대가 변할수록 특히 인생이 힘들어질수록 자존감이 낮아지고 더 이기적으로 변하면서 타인을 심하게 의식한다. 자기가 가진 것에 대한 만족보다 더 많은 욕심과 허영을 갖는다. 우리에게 긍정적인 영향을 줄 수 있는 좋은 사람들과 함께 하며 많은 욕심과 이기심을 떠나보낼 수 있다. 인간관계를 맺고 끊는 것보다는 맞지 않는 사람과도 지혜롭게 어울릴 수 있는 법을 알아야 한다.

나는 교육자로도, 방송인으로도 활동을 해왔다. 하지만 코로나라는 세계적 대재앙을 맞이하게 되면서 모든 업종이 어렵게 되었고 강의도 모든 일이 중단되었다. 이렇게 내 인생에서 또 한 번의 인생의 좌절이라는 것을 맞이하게 되었다.

만약 당신이 20대라면 난잡하고 시끄러운 습관, 그리고 사람을 위에서 아래로 바라보는 나쁜 성향을 고치지 못한다면 30대 이후에는 더 삶이 어려워질 가능성이 크다. 귀인과 좋은 기회를 만나려면 기회를 찾으려고만 하는 것이 아니라 자신을 돌아보는 습관을 가져야 한다. 이 습관을 20대 시절에 들이면 분명 귀인과의 연을 맺게 해주는 주변인의 도움이 있을 것이다. 사람의 소중함을 알았다면, 20대와 30대에 많은 사람들을 만나기 위해 조금 더 고군분투하여 살아야 한다.

현실을 부정하기만 하는가?

항상 만나는 똑같은 사람들, 똑같은 장소. 왜 똑같은 사람들과 똑같은 영역 안에서 변하는 것도 성장하는 것도 없이 현실을 부정하기만 하는가? 변화하려고 하지 않고 현실에 투정 부리고 부정하는 것은 20대든 30대든, 50대가 되어서도 하면 안 되는 행동이라고 생각한다. 가끔은 살다 보면 눈물도 흘리고 분명 뒷담화도 투정도 부릴 수 있다. 하지만 이러한 행동이 반복될수록 성장하는 인간이 될 수 없다는 것을 명심하자!

5

연애를 할 때도 귀인을
구별하라

〈오징어 게임〉이라는 한국 드라마가 넷플릭스 1위에 등극했다. 그 드라마에서는 절박한 사람들이 등장하는데, 상대방을 죽여야만 살아서 돈을 얻을 수 있다. 게임에 참가한 한 부부는 결국 남편이 부인을 죽였다.

사람을 만나는 것은 인생의 기운과 에너지를 바꿀 수 있는 일이다. 어떤 사람을 만나는가에 따라서 내 성격과 사고방식이 바뀔 수 있고, 살아가는 지혜를 얻을 수도 잃을 수도 있기 때문이다. 모든 인연과 모든 만남에는 이유가 있다. 또한 도움을 주는 인연이 있을 수도 있고 오히려 해를 끼치는 인연도 있을 수 있다.

사람을 만날 거라면 좋은 사람을 구별하는 법, 사람 보는 법을 배워라! 연애할 사람을 만나려면 내 꿈과 미래를 생각해주는 사람 그리고 날 편하게 해주는 상대를 만나라! 힘들게 하는 상대를 잊지 못하고 굳이 매달리면서까지 만날 것인가? 내가 힘들어야 한다면 그 인연은 아닌 것이다. 단순한 시간 낭비, 감정 낭비가 아닌 진정으로 나의 미래를 생각해주는, 어려운 상황에서도 서로 속마음을 털어놓는 진심인 관계가 서로 배우고 성장하게 한다. 상대방이 내 인생을 대신 살아주지 않는다.

난 나 자신과 연애를 시작했다. 나는 자기애가 강한 사람이었다. 물론 지금도 그러한 성향이 있기 때문에 내 커리어에 초점을 맞추어 살고 있다. 그 이유는 목표를 이루어야 하는 명백한 이유가 있었기 때문이었고 내가 처한 상황 때문이었다. 난 상대방에게 마음과 시간을 쓸 수 있는 여유가 없었다. 나의 현재 상황과 미래에 투자하는 시간들이 더 중요했다. 급박한 상황에서 아무리 날 좋아한다고 누가 그런들 내 고통과 어려움까지 안아줄 것처럼 보이지 않았다.

취준생 시절 그래서 난 누군가 날 좋아한다고 하면 머뭇거리거나 거절하기도 했다. 연애에 집중할 수 있는 시간이 조금은 있었는지도 모르겠다. 확신이 있는 사람이 있었다면 모르겠지만 그러기보다는 조금 더 나를 위한 시간을 보냈다.

어떤 도움을 주고 생색내거나 되돌려 받으려고 하는 보상 심리는 모든 사람들이 가지고 있다. 그렇더라도 사람들이 점점 더 이기적으로 변해 가는 것 같았다. 순수함이 없는 사람은 아예 만나고 싶지 않았다. 그래서 그런지 내 인연들은 내가 성장할 수 있는 발판을 마련해준 사람들이 많았다.

사람의 마음은 참 간사하다. 처음에는 좋다고 다가오던 사람의 마음이 나중에는 모두 변하기도 한다. 시간을 헛되이 쓰고 싶지 않다면 내가 선택한 만남이 상대방과 내가 함께 성장할 수 있는 현실과 미래를 안겨줄 수 있도록 함께 노력해야 한다. 내게 비록 안 좋은 영향도 주었던 인연도 있었지만 귀인도 있었다.

단지 어떤 이득을 보고 인연을 맺은 것이 아닌, 그 인연과 함께 서로 배우고 성장할 수 있었다. 물론 끝자락에는 그 인연들과 함께 끝은 함께 할 수 없었지만 성장함에 내 목표를 이루고 커리어를 쌓을 수 있었다. 사람을 만나는 것에는 모두 시기와 타이밍이 있다.

행정고시에 합격해서 5급 공무원이 된 사람과 소개팅을 한 적이 있다. 이 사람의 태도 자체가 너무 마음에 들지 않았다. 어떻게 하다 보니 소개팅을 하게 된 상황인지라 편한 사이로 지내자고 했었다. 이 사람은 분명 공부를 잘했을 테고 경쟁에서 항상 1등을 바라보며 살아왔다는 것을 알게 되었다. 대부분의 공무원 그리고 공공기관 사람들 모두가 많은 부를 가지게 된다거나 안정적인 삶을 사는 것도 아니다. 공무원의 품위와 품격이 떨어지는 행위를 할 경우, 공무원이나 정직원일지라도 누구나 파면될 수도 있다. 어렵사리 취직에 성공한 뒤 국가에서 해준 것이 무엇이 있냐느니, 헬조선이라느니 할 생각하지 말고 모든 것을 각오하고 준비해야 하는 이유가 이것이다.

몇 년 동안 준비를 해서 된 사람이든 단기간에 합격한 사람이든 본인의 선택이다. 본업에 책임감을 가지고 일하기를 바랄 뿐이다. 그때 그 소개팅남은 진지하게 내게 이야기를 했다. 자기 친구는 IT 관련 일을 해서 연봉이 1억이 넘는다는 것이다. 남자는 자신의 직업이 명예는 있어도 돈은 안된다는 말을 하는 것 같았다. 사람을 만나는 기준이 돈인 것 같았다. 대화의 주제와 맥락이 너무 부정적인 사람이라서 만나고 싶지 않았다. 그래서 연애를 할 때도 본인과 더불어 성장할 수 있는 인연인 귀인을 만나야 한다.

어떤 사람과 만날 때 외적인 부분을 중시하는 사람들이 많다. 또한 '나는 나 자신을 사랑해!'라며 자신에 대한 강한 자만심이나 이기심을 가지는 사람들이 있다. 이런 사람들은 귀한 사람, 바로 좋은 사람을 만날 가능성이 아주 적은 것 같았다. 내 행동으로 상대방을 좋은 사람을 안 좋은 사람으로 변하게 만들 수 있기도 하니 내 기분과 태도에 대한 관리가 정말 중요하다. 특히 서로에게 불편감만을 주는 연이라면 그 인연은 함께 할 수 없는 인연이라고 생각한다. 상대방과 내게 닥쳐온 갈등상황을 최선을 다해 풀어나가는 것에 따라 긍정적인 영향을 주는 귀인이 서로에게 될 수 있다는 것이다.

내가 생각했을 때 악연이라고 생각하는 인연을 만난 적도 있었다. 자꾸 상대방에게 안 좋은 일이 생기고 이상하게 해결하기 어려운 일들만 생겼다. 그 당시, 나도 상황이 어려웠고 상대방과의 갈등을 최선을 다할 수가 없었다. 그래서 어쩔 수 없이 내려놓았던 인연이 있다. 명리학에서 말하길 어떤 만남이 악연일지라도 현재 사는 현생에서 풀어야 하는 일이 있기에 만나게 된다고 했다. 내가 아무리 좋은 선량한 마음을 가지더라도 악연을 만날 가능성이 크다는 것이다.

하지만 인연이라고 함은 헤어질 수도 있고 다시 이어질 수도 있다. 그 만남 사이에서 난 어떤 사람이고 어떤 성향의 사람을 만나고 있는가? 특히 20대에는 '앞길에 있어서 본인의 커리어와 목표를 가졌는가? 나 자신을 사랑하고 있는가?'를 생각해볼 필요가 있다.

6

인생의 기회, 귀인은
여러 명 있다

6명만 거치면 전 세계인이 내 친구가 된다는 말을 들어봤는가? 할리우드 스타인 케빈 베이컨은 미국 토크쇼에 나와서 6단계 법칙을 이야기했다. 나와 전혀 무관한 6명의 사람들 안에서 우리 모두가 연결되어 있다는 것이다. 이 이야기는 하버드 교수를 비롯한 다양한 학자들에게 큰 충격을 안겨주었다.

이 6단계 법칙을 소재로 한 〈식스 디그리스 오브 세퍼레이션(six degrees of separation)〉이라는 영화도 1990년도에 개봉이 되었다. 우리는 모두가 친구의 친구이라는 것을 알려주고 어리석은 사람은 본인의 인연을 소중히 하지 못한다는 교훈을 주었다.

기회를 얻기 위해 다양한 좋은 기회를 제공해주는 사람인 귀인이 있는 곳은 바로 당신 주변이이다. 자신의 태도와 행동이 귀한 기회를 여러 번 접할 수 있도록 도와주는 핵심요소가 되는 것이다. 당신이 무시했던 사람이 어쩌면 지금 당장 아주 절박하게 필요한 사람의 귀인이 될 수도 있다. 어떤 주변인에게 호감과 신뢰를 주는 사람이라면 그 주변인의 지인에게도 좋은 이미지와 신뢰를 가진 사람으로 인식될 수 있다. 기회도 몇 번이 있고 인생에 귀인도 여럿이 있다는 걸 명심해야 한다. 나도 기회는 인생에서 한 번밖에 없는 것이라고 생각했던 순간이 있었다.

난 남들이 겪지 않는 일들을 수없이 겪어왔다. 이 기회를 놓치면 다시는 기회가 오지 않을 것 같은 그런 불길한 느낌이 들었다. 적절한 불안감은 긍정적인 미래를 설계할 수 있도록 도움을 주지만 과한 불안감은 부정적인 미래를 건설하기도 한다. 오랜 기간 동안 고민 끝에 결정한 전공을 선택해서 진학한 대학원을 졸업하려고 하는 순간, 코로나가 터져버렸다. 한 학기에 약 700만 원의 학비를 지불하면서 본업과 힘들게 병행했던 오프라인 대학원에서 어려움을 겪게 되었다. 학비도 갚아야 하는 상황에서 코로나로 인한 온라인 수업, 결석하게 되면 따라갈 수 없는 수업 진도 등의 단점을 느꼈다. 게다가 교수님의 논문지도에 실망할 수밖에 없었고, 특히 교수님과의 일대일 멘토링이 쉽지 않았고 잘못하면 교수님에게 찍혀서 졸업을 못 할 수도 있단 것에 대한 거부감이 들었다.

처음으로 '왜 나한테만 이런 절망적인 일이 벌어질까?' 하는 생각을 한 적도 있다. 하지만 절망적인 순간을 겪고 나니 많은 기회가 생겨나기 시작했다. 느긋하게 기회를 기다리기만 하는 것은 아무런 도움이 되지 않는다. 재빠르게 세상이 돌아가는 걸 캐치하는 사람은 거의 없다. 그러나 난 이때 더 이상 오프라인의 대학은 의미가 없을 것이라는 것을 빠르게 눈치 챘다. 내 주변엔 박사학위를 3개 가지고 있는 귀인도 있고, 석사학위를 3개 가지고 있는 귀인도 있다. 그래서 알아보니 블렌디드 해외 석사 프로그램이 있었다. 난 수많은 국가에 방문한 경험도 있고 영어를 좋아하기 때문에 이 프로그램을 활용하여 영국 치체스터 대학원에 재진학을 하게 되었다.

물론 이전에 오프라인 대학원에서 배운 프로그램들과 학식들에 대해서는 지금까지도 참 감사하게 생각하고 있다. 그러나 더욱 감사한 것은 해외 영국 석사를 취득할 수 있도록 격려해주시고 도와주신 ICL 프로그램 담당을 해주시는 관계자분들과 콘코디아대학교와 영국대학교를 담당해주시는 교수님이었다.

내게 귀인이었던 분들은 보통 대가 없이 나를 뒤에서 조용히 도와주신 분들이었다. 코로나로 인하여 어떠한 일도 할 수 없는 상황이 와서 유튜브와 방송업을 시작했다. 급작스런 이사까지 겹쳐 인생에 많은 변화가 있었던 때였는데, 그러던 중 방송 업무 채용공고를 보게 되었고 지원을 하게 되었다. 사실 딱 3개월만 하자고 시작한 방송 일이었지만 코로나 상황이 지속되면서 1년이 넘게 개인방송을 운영하게 되었다.

코로나 때문에 모든 게 변해 낯선 환경에서 새로운 것에 도전을 해보는 것은 좋은 시작이기도 했다. 다른 아시아나항공 승무원도 마침 나와 같은 시기에 개인방송을 하는 것을 보고 우리 모두가 어려운 상황이라는 것을 체감할 수 있었다. 나는 국민들과 건전한 소통, 음악 방송으로, 나처럼 코로나 때문에 어려움에 처한 사람들과 소통하고 용기를 주고 서로 힐링하는 방송을 하고 싶었다.

그러나 큰 어려움을 겪기도 했다. 물론 방송인이 방송을 이끌어나가야 하는 것이 맞지만 방송을 운영하는 입장에선 시청자 얼굴이 안 보이니 속마음도 잘 모르게 된다. 몇몇 악성 시청자들이 욕설, 험담, 뒷담화를 해서 연예인들이 겪는 악플 사건이 어떤 심경인지 직접 경험을 할 수 있다.

그러나 절박한 상황에서 죽으라는 법은 없다! 아직 이 세상에 그렇게 악한 사람만 존재하지 않는다는 것을 알게 된 계기였다. 물론 도움 받은 일에 대한 보답을 글로 이렇게밖에 표현하지 못하지만, 이렇게라도 내가 이 생을 마감하기 전에 만나지 못한 분들에게 고마움을 진심으로 전하고 싶다. 난 여기서 아주 많은 좋은 분들, 귀인이라고 칭하는 분들과 소통을 하며 소중한 시간들을 보낼 수 있었다. 난 개인방송에 대해서 아무것도 몰랐는데 귀인 시청자분들이 내게 많은 도움을 주시기도 했다.

　객실 승무원으로 근무하고 교육 전문 강의를 하며 노트북만 가지고 다녔지 데스크탑 컴퓨터 없이 생활한 것이 벌써 몇 년이었다. 그러나 제대로 된 방송을 하기 위해선 핸드폰이 아니라 컴퓨터가 필요했다. 나는 핸드폰만으로 방송을 했었는데, 열악하기 그지없는 장비로 방송하는 모습을 안타깝게 바라봐주셨는지 힘내라며 후원을 지속적으로 해주셨던 후원자도 계셨다.

　또한 제4차 산업혁명 시대와 함께 새롭게 떠오르던 비트코인에 대한 지식 후원을 해주신 시청자도 계셨다. 아버지들이 IMF를 겪으면서 함께 어려움을 겪었던 소꿉친구와 공부를 했다는 친구도 온라인으로 알게 되기도 했다.

　세상에서 가장 어려운 일은 사람의 속을 아는 일이다. 사람의 가장 슬픈 일도 다른 사람의 속마음을 알 수 없다는 것이다. 하지만 사람 관계에 대한 기회는 한번 틀어지게 되면 되돌리기가 어렵다. 하지만 진정한 어른, 그리고 귀인은 인생에 당신에게 단 한 명만 스쳐지나가는 것이 아니다. 당신의 행동거지에 따라 여러 귀인들이 인생에서 당신의 손을 잡아줄 수도 있다. 단지 귀인과 마주할 수 있는 본인의 마음가짐과 언행을 만들어나가는 것이 관건이란 것을 잊지 말자.

귀인과 악인

살다 보면 내게 귀인으로 도움을 준 분과 오해가 생기기도 하고, 때에 따라 귀인이 악인이 되기도 한다. 난 권력을 가진 사람들과 맞서 싸운 경험이 많다. 3학년 1학기 때 조기취업을 했을 때, 교수님이 졸업하려면 회사를 관두고 오라고 한 적이 있다. 기회도 여러 번이 있듯 나와의 인연이 좋지 않게 끝나게 된 귀인 혹은 악인은 감사함과 함께 좋은 마음으로 간직할 수도 있어야겠다.

긍정적인 에너지를 풍기는 사람들,
행복한 사람들은 모두 사람과의 관계를 위해 많은
노력을 기울인다.

20대에 반드시 만나야 하는 첫 번째 귀인은
인생을 뒤바꿀 수 있도록 터닝 포인트를 안겨주는,
내게 쓴소리를 하는 사람이다.

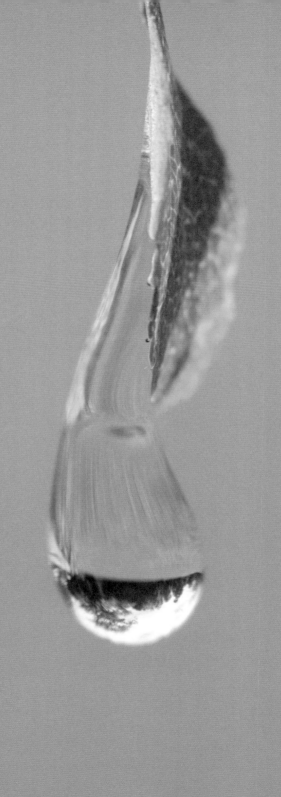

챕터 2

—————

당신에게는
인생 귀인이
있는가?

1

야! 너도 귀인
만날 수 있어!

코로나 블루라는 단어가 생겼다. 청소년과 청년들이 우울증을 겪게 되면서 정신과에 가는 일이 많아졌다는 것이다. '열심히 살면 뭐하나.'라는 생각이 들게 하는 코로나, 무기력한 사람들, 우울증에 시달리며 약에 의존하는 사람들….

당장 밖으로 나가 귀인을 만날 수 있도록 노력하자. 코로나가 무서워서 무기력하게 하루하루를 집에서만 보내지 말고 움직이라는 말이다. 가만히 있으면 내 주변 환경이 어떻게 변할까? 변하는 것이 하나도 없다.

당신이 행운과 부 그리고 기회를 잡기 위해 당장 필요한 것은 생각에 갇혀 있는 것이 아니다. 활동적인 행동과 함께 겸손한 마음가짐을 가지는 것이다. 이러한 겸손한 마음가짐을 하늘에서도 지켜보고 있다고 믿는다. 진실한 겸손함은 어려운 상황에서 당신을 성공으로 이끌어줄 수 있는 귀인을 그리고 귀한 기회를 만들어준다. 물론 마음가짐만 중요한 것은 아니다. 올바른 가치관을 가지고 부단히 노력해야 된다. 본인의 행동이 제3자에게 비추어질 때 혹은 신이 지켜본다고 가정했을 때, 잘못되었다는 것을 깨달을 수 있는 순간이 왔다면 당신은 이제 귀인을 만날 준비가 되었다는 것이다.

자! 이제 당신도 귀인을 만날 준비가 되었다! 자존감과 자신감이라는 것이 단번에 생기는 것이 아니기 때문에 억지로 나와 관련되지 않는 장소에서 귀인을 찾으려고 하는 것은 옳지 않다. 아주 가까운 곳에서부터 귀인과 소중한 기회를 얻을 수 있도록 노력해보자. 나는 부단히 적극적으로 활동해오는 동안에 사실 귀인을 잘 보지 못하고 놓친 적도 많은 것 같다. 그래도 나의 경우에는 먼저 가장 접근성이 높은 학교와 학원에서 사람과 관계 맺기를 이어나갔다. 사람들은 자신의 이야기를 경청해주는 사람을 좋아하기 때문에 난 보통 상대방의 이야기를 경청하려는 노력을 해왔다.

만일 당신이 말 센스가 없고 대화 능력이 떨어지며 자신감이 낮은 편이라면 경청하라! 경청을 이끌어내는 질문을 시작하여 상대방과 라포 형성을 할 수 있도록 한다. 이러한 습관은 내가 어떤 사람을 만나게 되더라도 긍정적인 사람으로 비추어질 수 있다. 물론 단기간에 일부러 연기를 하는 것은 상대방이 금방 알아차릴 수 있기 때문에 많은 다양한 사람들을 만나며 습관이 될 수 있도록 해야 한다. 내가 대통령 경호 수행 통역을 하게 되었을 때에도 국회의원을 모시게 될 때에도 이러한 습관은 업무에 있어서도 긍정적인 역할을 하게 해주었다.

나와 다른 배경을 가진 사람에 대한 배려와 이해가 부족하다면 좋은 기회와 정보를 모두 가지고 있는 귀인을 만나는 건 당연히 어려운 것이다. 내가 만났던 사람 중에서 아주 안타까운 청년들이 있었다. 그 청년은 어려운 가정 상황으로 집도 없이 20대의 시절을 보냈으며 우울증을 가지고 있었다.

또 한 청년은 코로나와 함께 갑작스레 아버지가 파산을 맞이하게 되고 계속 어려움을 맞이하게 되었다. 다른 청년도 아버지가 갑자기 사업의 실패로 인하여 파산을 하게 되었고 집안에 안 좋은 일들이 연속적으로 생겼다. 이 두 청년 모두 공통점이 있는데, 항상 새로운 사람을 만나는 것을 꺼려하였고 새로운 사람을 만나야 하는 이유를 찾지 못했다. 아무리 내가 좋은 분들을 소개를 해주어도 새로운 만남을 거부했고 꺼려했다.

내가 모르는 새로운 사람을 만나는 것에 대해서 이유를 찾는다면 어떤 이유도 없다. 하지만 지금 내가 처한 최악의 상황에서 벗어나기 위해 어떤 노력이라도 해봐야 하지 않을까? 누군가에게 내 상황을 도와 달라고 SOS를 외친다면 나보다 나은 환경에 있는 귀인이 나를 도와줄 수도 있다는 것이다. 아직까지 이 세상은 생각보다 살 만하다. 주변 어르신들이나 주변 사람들이 내게 항상 말씀하는 것이 있다. "김소정은 대장부 기질이 있어. 무서운 여자. 쎈놈이 나타나야 해!" 나에게는 이런 수식어들이 붙었다. 하지만 이런 내가 살면서 멘탈이 나간 적이 있다. 코로나 블루 때문이었다. 특히 사람을 만나는 것에서 살아가는 이유를 찾고 힘을 얻던 내게 이 상황은 죽고 싶을 정도였다.

근데 이렇게 멘탈이 나갈 때 나를 버틸 수 있게 해주고 살아갈 수 있도록 해준 힘은 멘토의 도움이었다. 함께 방송 출연으로 인연이 되었던 교수님 그리고 유명 방송국의 기자로 근무했던 전직 앵커/기자 선배, 의정활동을 하며 알게 된 교수님들.
난 모든 자존심을 버리고 살고 싶다고 외쳤다. 어떻게 하면 좋은 방향으로 내가 갈 수 있는지, 내가 가고 있는 길이 맞는지 경청해주시는 것만으로도 큰 힘이 되었다. 나보다 인생을 더 살아보신 분들도 물론 고충이 있고 고민도 있다. 그러한 이야기들을 경청하며 인생에 대해 배워간다. 나는 이 책을 읽는 분들에게 말하고 싶다.

"야! 너도 네 노력과 마음가짐에 따라 귀인을 만날 수 있어! 때론 네가 귀인이 될 수도 있어!"

2

넌 공부만 해?
난 귀인만 만나러 다녀!

　사람들은 왜 사람을 만나 맺는 관계가 중요하고 특별하다는 것을 왜 모를까? 코로나로 인하여 일이 없어진 채 몇 개월을 보내고 있었을 때다. 우연히 지인의 소개로 개인방송이라는 방송 업무에 도전을 하게 되었다. 온라인 비대면으로 다양한 계층 그리고 새로운 사람들과 만나고 소통할 수 있다는 것이 신기했다. 개인방송을 운영해오면서 그동안 수많은 사람들이 오고 갔다.

　나는 시청자분들의 얼굴도 몰랐지만 보내주신 사진을 통해 비대면으로 안면을 트고 보이스톡으로 소통도 했다. 세상이 참 좁다더니, 친구의 친구도 온라인으로 만날 수 있었다. 메타버스 가상현실로 연애를 하는 사람들도 있었다. 코로나와 함께 하게 된 이 방송 업무는 도전이기도 하면서 함께 어려움에 처한 사람들 그리고 다양한 사람들과 함께 소통하는 일은 의미가 있는 일이었다.

나는 20대 대학 시절에 남들이 학점 관리, 시험, 자격증, 면접 준비를 할 때 귀인을 만나러 다녔다. 동아리 활동과 대외 활동, 해외 인턴쉽에 참여하여 견문을 넓혔다. 공부도 중요하지만 인생을 살면서 가장 중요한 것은 더불어 살아가는 방법을 배우는 것이다. 그렇게 더불어 살아가려고 노력하다 보면 안 될 거라고 생각했던 일도 성공으로 이끌어줄 수 있는 귀한 사람도 만나게 된다. 소중한 기회도 만날 수 있다.

난 지금까지 일본, 미국, 중동, 유럽에서 거주를 하며 세계 각국의 다양한 사람들과 새로운 사람들과의 인연을 맺으려고 노력해왔다. 이렇게 새로운 사람을 만나기 위한 노력이 귀인을 만나기 위한 발판이 되었다. 답답한 우물 안 개구리로 사는 것보다 큰 세상을 보는 눈을 넓히고 가치관이 넓은 사람이 되고 싶었다. 사람들을 만나는 것에 있어서도 건강한 멘탈과 올바른 가치관이 중요하다고 생각했다.

난 21살에 가족의 곁을 떠나 설레는 마음으로 도쿄 생활을 시작했다. 5~10년 전만 해도 해외 인턴십이라는 제도가 잘 홍보가 되지 않았다. 난 그런 틈새를 노려 열심히 준비한 끝에 일본 호텔 인턴쉽 장학생으로 선발되었다. 전국에서 총 4명을 선발하는 인턴쉽은 숙박 지원, 항공료 지원, 급여 지원이라는 파격적인 국가 지원이 있었다. 짧다면 짧은 시간이었지만 호텔에서 근무했던 동안에 만났던 귀한 사람들이 아직도 기억에 남는다.

레스토랑에는 재일교포이신 사장님 아래 워킹홀리데이로 온 언니들이 자리를 잡고 있었다. 처음에 어린 나는 언니들만의 세상에 끼어들 수가 없었다. 하지만 허드렛일을 도우면서 언니들과 친해질 수 있도록 부단히 노력했다. 그 무렵 대한민국과 가까운 나라이지만 가깝고도 먼 나라 일본에서 향수병(Homesick)이 오기 시작했는데, 언니들은 날 예뻐해주시며 일본 생활에 대한 정보를 주셨다.

또한 F&B 레스토랑 보스 아저씨와도 친해져서 쉴 때 한국인 음식 재료들을 가득 사오셔서 푸짐한 음식을 해주시기도 했다. 또한, 일본에 오게 된 동기를 들려주시고 일본에서 어려웠던 점 등등을 털어놓으셨다. 이렇게 난 어려운 상황을 타개할 방법을 항상 나보다 더 경험이 많으신 분들에게서 찾으려고 노력해왔다. 지금에 와서 보면 이분들도 내 인생에서 내게 귀인 중에 하나였다.

나는 사람들과 함께 더불어 살아갈 수 있는 세상을 꿈꾸며 좋아한다.

하지만 코로나와 제4차 산업혁명으로 대면으로 사람을 만나기가 너무 어려워졌다. 이러한 상황은 사람을 만나서 에너지를 얻는 내게 곤욕이었다. 하지만 우연히 길에 있는 공고를 보니 지역 주민분들과 모여 지역 발전을 위한 인재를 선발한다는 공고를 보았다. 내가 사는 지역구에 지역 발전 모임에 참여하여 동 팀장을 맡게 되어 활동을 시작하게 되었다. 사실 내가 이렇게 적극적으로 참여하게 된 명확한 동기가 있다.

살고 있었던 오피스텔에 술 취한 남성이 침입하여 경찰에 신고를 한 적이 있다. 자정이 넘은 시각이었다. 그 취한 남성의 침입으로 인해 CCTV가 평소에 작동되지 않고 있었다는 사실을 알게 되었다. 다달이 관리비를 지불하고 있었던 게 억울하기도 했고 너무 당혹스러웠다. 그냥 넘어갈 부분이 아니라고 생각하여 구청에 전화로 문의를 했다. 구청에서는 속한 지역의 국회의원에게 찾아가서 문의를 해보라는 말을 했다. 사실 선뜻 나 혼자 국회의원 사무실에 간다는 것은 참 내키지 않고 어려운 일이었다. '나 한 사람의 이야기를 과연 들어줄까?'라는 걱정도 들었지만 결국 나는 행동했다. 지역 모임에서 구의원님과 시의원님과 함께 CCTV 법적 점검 문제에 대한 해결책 마련을 요청했다.

이렇게 나는 가만히 있는 것보다 적극적으로 어떠한 문제를 해결하기 위해 노력하면 할 수 있다는 것을 몸소 배웠다. 사실 지역 발전 활동 모임에 적극적으로 참여하는 분들이 그다지 생각보다 많지 않다. 아마 내 생각에는 개인적인 문제가 있어서 관심이 없거나 어떻게 해야 될지 모르는 분들이 많기 때문이라는 것을 알게 되었다. 무관심보다 관심을 가지고 이렇게 새로운 사람을 만나는 습관을 들이면 귀인을 만나기도 하고 이렇게 귀한 기회를 얻을 수도 있다.

그러나 주변에 나의 정신과 바른 가치관을 흔들리게 하는 사람들이 있는지 확인해봐야 한다. 내 가치관을 흔들리게 하는 사람의 말을 귀담아들을 필요도 있다. 그것이 옳은 방향인지가 중요하다. 어쩌면 공부에만 목숨 거는 학생들과 청년들보다 공부만 외치는 부모 세대가 문제였는지도 모른다. 물론 공부를 잘해서 성공한 사람들도 있다. 그러나 그런 사람들 중에서도 사람들과 어떻게 어울리며 사는지 모르는 사람도 많다. 또한 그들 중 자신보다 어려운 사람을 도우려고 하는 마음이 없는 사람도 많다.

정말 공부를 잘하는 것만이, 좋은 대학과 좋은 직장에 취직하는 것만이 옳은 방향일까? 나보다 어려운 사람들을 생각해보는 것, 어떻게 도울수 있을지 생각하고 만나보는 것, 사람들과 더불어 살아가는 세상을 알아가는 것도 중요한 일이 아닐까? 성공을 꿈꾼다면 더욱이 알아야 할 일이다.

사람을 만나고 또 잊는 것

제4차 산업혁명 시대와 함께 코로나가 덮치면서, 사람들은 사람을 만나는 것에 별로 큰 의미를 두지 않게 된 것 같다. 놀랍도록 사람들의 성향이 바뀌고 있다. 옛날 펜팔 친구가 유행했던 것이 메타버스 가상현실과 인터넷 방송으로 바뀌어 그런 옛 감성에 빠져들게 한다. 온라인과 비대면이 익숙해진 사람들은 대게 쉽게 사람에게 빠지기도 하지만, 또 쉽게 그 사람을 끊고 잊고 사는 것 같다.

전국 소년소녀가장돕기연합 홍보위원 임명장 수여 참고사진

0.1퍼센트 귀인을 만나라

3

내 생애 귀인과의
첫 만남

열심히만 한다고 성공한다고 생각하는가? 이 대한민국에서 학생들 그리고 학부모들에게는 수학능력시험의 등급을 잘 받는 것 그리고 서울대, 고려대, 연세대 혹은 인서울에 있는 대학에 가는 것이 목표다. 지금 제4차 산업혁명 시대가 오면서 통계청에 의하면 실업률이 무려 157만 명으로 늘었고 취업자 수는 −98만 2,000명으로 증감했다.

나만 혼자 그냥 주구장창 열심히만 한다고 원하는 것을 이룰 수 있다면 모든 일에 성공하기 쉬울지 모른다. 그러나 현실은 그렇지 않다. 어떻게든 귀인만 만나면 해결될 것이라고 믿으며 귀인을 찾아다니는 것이 아니라 자신이 어떻게 상대방에서 비추어지는지 성찰이 될 때, 사람이 중요하다는 것을 깨달을 때 기회가 온다.

갑작스러운 아버지 병세에 어렵게 대학 생활에 전전긍긍했고 취업전선에 남들보다 조금 빠르게 뛰어들게 되게 되었다. 그때의 내 주변엔 너무 많은 귀인분들이 있었는데 절실하게 도움이 필요한 날 그냥 스쳐 지나갈까 봐 조바심내기도 했다. 너무 다행이었던 것은 내게 도움을 주신 분들이 많았다는 것이다. 물론 나도 그분들을 잊지 않고 안부 인사를 전하며 귀인분들에게 도움이 되어드리려고 해왔다.

그 덕분인지 만 23살에 내 인생에서 처음으로 귀인을 만났다. 그 당시만 해도 블라인드(Blind) 면접이라는 것이 없었고 구인공고에 나이 제한이 있었다. 그렇기 때문이었는지 중학교 시절부터 간직해온 목표였던 항공기 객실 승무원이라는 꿈을 이루기 위해 학교 공부와 영어 공부를 정말 열심히 했다.

같은 꿈과 목표를 가진 사람들과 함께 아침 10시부터 오후 9시까지 10시간가량을 신촌에 있는 스터디카페에서 공부했다. 그때 하루 10시간 동안 매일 사람들과 어울리고 소통하고 성공한 사람들을 보며 득도한 게 있다. 합격하기에 누가 봐도 매우 부족하지만 빠르게 합격했던 지원자가 많았던 것이었다. 그런데 어떤 사람은 누가 봐도 능력이 출중했는데 계속 떨어지고 실패하기도 했다. 이런 현실은 내게 큰 충격이었다.

운이 좋았던 건지 내가 빠르게 취업전선에 뛰어들었기 때문인지 나와 함께 면접 준비를 했던 힘이 되었던 든든한 나보다 나이가 많은 언니와 오빠들이었다. 해외에서 대학을 나온 분들도, 외국계 금융 회사에 종사하며 외국 항공회사 취업 준비를 하던 사람도 있었다. 우린 가족보다 더 가깝게 오랜 시간 동안 함께 소통했고 같은 목표를 향했지만 다른 가치관을 공유할 수 있었다. 그 시간에 아무런 성장을 느끼지 못하고, 더 소통이 많았던 시간들도 내게 큰 의미가 없다고 느낄 때도 있었다. 목표를 이루기 위해 촉박했던 시간들이었지만 비록 그 의미가 없다고 생각했던 시간들이 모여 나의 가치관을 바꾸게 해주었다. 그리고 내가 꿈을 이룰 수 있도록 해주었던 것이다.

전격적으로 나를 도와주는 사람만 귀인이라고 칭하는 것이 아니다. 나에게 어떤 깨달음을 주고 새로운 세상, 가치관을 가지도록 해주는 사람도 귀인이다. 함께 공부한 언니와 오빠들 중 내 가치관을 확 바꾸게 해준 귀인인 언니 한 명이 있었다. 그 언니는 대한항공에 취업을 너무 하고 싶어 무려 5번이나 지원해서 탈락한 경험이 있다고 했다. 공채가 상반기와 하반기에 나기 때문에 2년 반 이상을 대한항공에만 시간을 쏟은 것이다. 이때 이 언니의 이야기를 듣지 않았었더라면 나 역시 많은 경험을 하지 못하고 나 자신을 발전시키지 못하며 특정 회사만 바라보고 있었을지도 모른다.

　이렇게 나와 다른 배경 그리고 성향의 사람들과 대화를 하고 사람들의 말에 귀 기울여 경청하면서 가치관이 바뀌었다. 난 승무원이라는 직업을 준비하게 되면서 국내 회사 준비에서 외국 항공사로 준비 방향을 틀었다. 국내 항공회사도 영어 공부를 많이 한다. 그렇기 때문에 이왕 영어를 공부하는 김에 대충하고 싶지 않았고 외국 항공사에도 합격할 수 있는 자격 조건을 갖추고 싶었다. 국내 항공회사에 합격하더라도 외국 항공사에서도 한번 죽기 전에 반드시 일해보고 싶었다.

　이 많은 경험을 하고부터 면접은 내가 살아온 인생을 짧은 시간에 보여주는 것이라는 것을 깨달았다. 내게 도움이 되었던 부분은 공부에만 치중하지 않았다는 것이다. 같은 시간, 같은 공간 속에서 같은 목표를 꿈꾸면서도 백그라운드(Background)가 다른 사람들과 함께 조화롭게 잘 어울리려고 노력했다.

　그렇게 다양한 언니와 오빠들과 소통하며 학생의 신분으로 다시 돌아갈 수 있었고 학업과 함께 해외로 나갈 준비를 하게 되었다. 처음으로 나는 미국 땅으로 떠났다. 세계의 모든 경제를 이끄는 경제 1위 국가, 미국 대륙에 발을 내딛게 되었고 그 큰 미국이라는 땅에서 귀인을 만났다.

미국에서 나는 한인들과 사귀는 것보다 다양한 외국인 친구를 만났다. 나는 인생에서 공부만 하는 것은 어려운 삶을 헤쳐나가는 자립심을 키우지 못 하는 일이라는 것을 일찍 깨달았다. 만 24살 동양인 여자아이였던 나는 미국이라는 낯선 대륙에서 다양한 경험에 도전했다. 그 덕에 나는 어려운 상황에서도 원하던 직업의 꿈을 결국 이룰 수 있었지 않았나 싶다. 또한 이렇게 나 자신에 대한 성찰과 반성이 있기 때문에 날 응원해주시는 팬분들도, 멀리서 응원해주시는 귀인분들도 곁에 남아주시는 것이라고 생각한다.

사람들과 함께하는 마음을 잃어버리지 말자

2021년 기준 대기업 공채가 사라져버렸다. 취준생 청년들이 예전보다 더 어려운 상황에 직면하게 된 것을 잘 알고 있다. 내가 대학교에 가서 학생들과 멘토링을 하며 대화를 해본 결과, 공기업, 공공기관, 공무원을 하려고 하는 친구들이 많았다. 난 공공기관 교육도 약 4년간 해왔기 때문에 공공기관에 종사하는 분들의 마음도 잘 알고 있다. 공기업 취업을 위해 자격증 준비에 거의 1년을 소비하고, 공무원이 되려고 3년을 준비한 경우도 보았다. 사실 공기업이나 공공기관을 준비하려면 보통 자격증 준비를 하게 되는데, 이 기간에는 인간관계에 대해 전혀 배울 수 없다. 그렇게 오랜 시간 동안 취업 준비를 하면서 사람들과 어울리는 법, 나와 다른 사람에게 공감할 수 있는 마음을 잃어버리는 사람들을 많이 보았다. 취업이 인생에서 중요한 일이지만 그래도 사람들과 함께 더불어 살아가려는 따뜻한 마음을 잊지 않기를 바란다.

4

최악의 인간을 보내면
귀인이 왔다

우리말 중에 이런 말이 있다. '화복(禍福)'. 화를 겪은 뒤 복이 온다는 의미다. 그리고 좋은 일에는 마가 낀다는 의미로 '호사다마(好事多魔)'라는 말도 있다. 좋은 일만 있을 수는 없다. 인생이라는 게 좋은 사람만 만나고 살 순 없다. 희한하게 좋은 일이 생기기 전에 나쁜 일이 생긴다. 나는 귀인도 많이 만났지만 최악의 사람들을 접해본 경험이 아주 많다.

귀인을 만나기 전에는 항상 아주 최악의 나쁜 사람을 만나는 경우가 많았다. 혹은 최악의 사람이 나타났을 때 귀인이 도와준 적도 있다. 내가 모든 항공사에 근무할 당시에도 최악의 사람이 있었다. 모두가 그 사람을 기피했고 조심했지만 그런 악인들과 대면을 하게 되는 경우가 많았다. 이러한 경험 속에서 난 오히려 맞서 싸웠다. 직장인 괴롭힘 법이 입법될 수 있도록 많은 사람과 관계를 구축해오며 활동하면서 소통해왔다. 나는 회사라는 조직에서 괴롭힘을 당하는 사람은, 조직의 더 나은 성과를 위해 괴롭힘을 당하는 근로자는 반드시 보호되어야 한다고 주장하는 사람이 되었다. 이러한 경험으로 더욱이 내가 속하지 않은 분야에서의 넓은 사람과의 관계와 소통이 중요하다는 점을 뼈저리게 느낄 수 있었다.

보통 사람들은 다양한 활동 범위의 대인 관계 활동을 통해 귀인을 만날 수 있다는 것을 모른다. 그래서 난 20대 때부터 아주 많은 다양한 사람들을 만나기 위해 새로운 사람을 만날 수 있는 장소에 참석하는 습관을 들여왔다. 최악의 인간을 겪어보고 관찰해보는 것도 아주 좋은 경험이 될 수 있다는 것을 아무도 모른다.

모두가 성공한 사람을 바라볼 때, 난 최악의 인간을 보며 저렇게 살면 안 된다고 깨닫고는 했다. 내가 만난 최악의 사람은 해외에서 근무했을 때 만난 사람이었다. 당시 나는 아시아나항공사 그리고 일본 항공사에서 더 넓은 세상을 보고 더 큰 커리어를 쌓기 위해 아랍에미레이트 국영 항공사인 에띠하드항공사로 이직했다. 더 넓은 세상에서 큰 세계를 바라보고 한층 자신을 성장시키고 싶었다. 이러한 특별한 이력은 다른 사람들에게 항상 호기심을 자극했다. 하지만 자기소개를 길게 해야 하니 좀 귀찮다는 단점도 있긴 하다. 하지만 내가 원하는 워라밸 환경과 내 커리어를 위해 노력해왔다. 아랍에미레이트 국가에 이주하고 최악의 인간 속에서 귀인을 만나게 되면서 내 인생과 사고방식은 180도로 변하게 되었다.

중동 국가인 아랍에미레이트에서의 생활은 한국과 다른 장단점이 많이 있었다. 처음에는 내가 원했던 조용하고 차분한 삶이 좋았다. 비록 문화 차이가 있었지만 다양한 인종들과 개인의 의사를 존중해주고 프라이버시를 지켜주는 근무 환경이 너무 좋았다. 내가 한국에서 근무하면서 불편했던 것은 동료의 지나친 프라이버시 침해였다. 그래서 나는 해외에서 외국인 동료들과 일하는 꿈을 가지게 되었다.

에띠하드항공사 승무원 면접에 합격하고 제일 만족스러웠던 것은 한국인 동료들이 많이 없었다는 점이었다. 입사 훈련 교육을 받을 때도 한국인은 나 혼자였다. 동기들의 국적은 모두 네덜란드, 모로코, 미국, 헝가리, 불가리아, 보지니아, 남아프리카공화국, 중국, 일본인으로 다양했다. 그나마 가까웠던 동료는 중국과 일본인이었다. 내가 아는 것과는 다르게 한국인의 인구가 매우 적은 아랍에미레이트의 수도 아부다비에서 나는 너무도 만족스러운 삶을 살고 있었다. 물론 내가 최악의 사람을 만나기 전까지는 말이다.

아랍에미레이트 국영 항공사 ETIHAD 항공사 입사 당시 사진

0.1퍼센트 귀인을 만나라

물론 내가 그때까지 겪은 상도를 모르는 무서운 사람들 덕분에 항상 조심해야겠다는 생각은 있었다. 하지만 나쁘고 악한 사람들은 언제나 인생에서 불쑥 찾아오기 마련이다. 나의 상사 중 아주 못되기로 소문난 인도인 그리고 한국인이 있었다.

　이 두 명은 내게 큰 시련을 안겨주었다. 거짓말을 일삼는 상사는 내게 거짓말을 덮어씌우며 고난을 주기도 했다. 그래도 거주하는 기간이 점점 길어질수록 좋은 동료들 그리고 선배들과 더욱 깊은 친분을 쌓아왔다. 하지만 점점 더 다양한 최악의 사람도 내 주변에 나타나기 시작했다. 처음 생각과는 다르게, 오히려 해외에서 오래 살수록 더 어려운 점이 많은 것 같았다.

　아랍에미레이트에서 내 생활은 최악의 사람으로 인해 회사에 대한 만족도도 떨어지며 불행하다는 생각만 들기 시작했다. 이렇게 최악인 한 사람 때문에 내 인생이 그리고 내 감정과 정신까지 불행해질 수 있다는 걸 느꼈다.

　심적으로 많이 힘든 탓에 한국으로 돌아가야겠다는 생각을 할 정도로 어려움을 겪었다. 이렇게 최악의 사람을 만나고 고통 받는 부분을 주변에 모든 분들에게 이야기하고 도움을 요청했다. 괴롭힘을 주는 사람들로 인하여 내가 해결할 수 없는 고통에 시달릴 경우, 도움을 줄 수도 있는 귀인이 필요하다.

그렇게 어려운 상황에서 나는 친분을 쌓아왔던 귀인이 해주신 덕담 덕분에 그 힘듦을 극복할 수 있었다. 귀인들은 보통 타인의 말을 경청하는 습관이 있어서 처음부터 성급히 가르치려고 하거나 훈화를 하진 않는다. 귀인들은 타인의 상황을 귀담아 경청한 후 살포시 조언을 내던진다. 타인의 인생과 미래가 자신의 조언으로 인해 혹여 잘못될까 진심으로 걱정하기 때문이다.

귀인의 덕담으로 난 이때 승무원이라는 직업에 매달리기보다 다른 더큰 목표를 세우게 됐다. 또한 이 경험은 사람에 대한 교육이 너무 중요하다는 것을 깨우치게 해주었다.

세상에 스쳐 지나가는 인연은 존재하지 않는다. 인연은 자신이 만들어나갈 수 있다는 것이다. 귀인을 만나기 위해선 인연을 소중히 생각할 줄알아야 한다. 사실 나를 다독거려주신 이 귀인을 만난 건 아랍에미레이트로 이직하기 전이었다. 한국에서 우연히 타 항공사 취업박람회에서 본이분은 예의를 갖추며 자신의 번호를 전해주셨다. 나는 주신 번호를 고이 간직했다가 아랍에미레이트 수도인 아부다비로 면접을 보러 갈 때, 잊지 않고 인사를 드렸다.

면접을 보고 그분과 다른 비행 10년 차이신 선배가 나오셔서 내게 멋진 식사 대접을 해주셨다. 오히려 이런 최악의 경험 후에 난 더 좋은 귀인과 소통할 기회를 가질 수 있었다.

제4차 산업혁명 시대와 함께 코로나로 항공 업계는 너무 힘들어졌다. 그래서 이때 최악의 사람을 만난 경험과 귀인의 덕담은 큰 재산이 되었다. 내가 최악의 사람을 만남으로 인하여 항공업을 관두지 않고 있었다면 새로운 인생 설계를 하지 못한 채 지금도 방황하고 있었을지도 모른다.

중동이라는 동떨어진 먼 나라에서 비록 짧았을지도 적당했을지도 모르는 그 시간은 아무도 없는 텅 빈 사막에서 사람들과 함께 어울려 살아가는 것의 소중함을 깨닫게 해준 터닝포인트였다. 유럽 항공사에서는 또라이 법칙을 통하여 날 괴롭히는 회사폭력을 쓰는 사람에게 차라리 내게 또라이가 되자는 결심을 하게도 해주었다. 한마디로 약자에게는 약자가 되어야 하며, 강자에게는 강자가 되자는 법칙이다. 이 해외의 경험과 최악의 사람을 만난 경험은 지금의 내가 0.1퍼센트 귀인을 만날 수 있는 몸에 밴 기본적인 매너를 안겨주었다.

이탈리아 항공사 승무원 근무 당시 사진

0.1퍼센트 귀인을 만나라

5

비행기 안에서 우연히
귀인을 만나다

    한국인이 거의 없는 U.A.E 국가 수도인 아부다비에서 만나는 한인은 사무치는 외로움을 잊게 해주는 반가운 귀인이다. 중동처럼 사람이 드문 환경에서 나는 사람이 정말 귀하다는 것을 몸소 느꼈다. 이러한 특별한 경험은 사람마다 어떤 기운이라는 게 있다는 것을 알게 해주었다. 정말 나쁜 사람에게는 아주 안 좋은 기운이 느껴지는 경우가 많았다. 반대로 좋은 사람에게는 긍정적인 에너지가 느껴지는 경우가 많았다. 말투 그리고 표정에서부터 악한 사람은 상대방에게 신뢰감을 주지 않는다.

    악인을 만난 뒤, 한국으로의 귀국을 고민하며 종종 한국으로 향하는 비행기에 탑승했다. 귀인을 만난 그날도 휴가로 아부다비-인천 국제공항행 비행기에 승객으로 탑승한 날이었다.

이날, 내가 만나게 된 귀인은 나를 새로운 기회와 경험으로 이끌어주신 귀한 분이다. 난 기내에서 승객들이 선호하는 다리를 뻗을 수 있는 통로석(Aisle Seat)을 한 아주머니와 동시에 찜하게 되었다. 그때 순간적으로 재빠르게 그 자리를 사근사근한 태도로 그분에게 양보를 해드렸다. 하지만 그 귀인은 오히려 미안해하시며 함께 나란히 자리에 앉자는 제안을 하셨다.

난 죄송하고 불편하면서도 감사한 마음과 함께 자연스레 말문을 트게 되었다. 심적으로 어려움을 겪고 있었던 나는 자연스럽게 나의 고충을 털어놓게 되었다. 그런 내가 너무 불쌍해 보였는지 대화 도중에 한국 대사관에서 일할 생각은 없느냐는 제안을 해주셨다. 나는 깜짝 놀라서 내 능력이 부족해서 어려울 것 같다고 조심스럽게 말씀드렸다. 하지만 그분께서는 오히려 격려의 말씀을 해주시면서 할 수 있으니 힘내라고 말씀을 해주시는 것이었다. 그분이 어떤 분인지도 모르고 내가 너무 나의 고충을 막 털어 놓은 것이 아닌지 죄송스러웠다.

기내 안에서 수면을 취하고 인천국제공항에 도착할 즈음 그분은 내게 이메일 주소를 주셨다. 그래서 나도 그 아주머니에게 나의 이메일 주소도 드리게 되었다. 그냥 스쳐 지나갈 수도 있는 인연을 나는 항상 소중하게 생각한다.

그 후, 난 그분의 이메일 주소를 고이 소중하게 간직했다. 무엇보다 나의 재미없고 듣기 어려운 이야기를 들어주신 것이 정말 감사했다. 지금 돌이켜봐도 비행기 안에서 내 고충을 진심으로 경청해주신 그분에게 너무 감사드린다. 타인의 고충을 경청하는 것은 쉬운 일이 아니라는 것을 알고 있기에 너무 감사했다. 이분께는 내가 한국에 귀국하더라도 감사인사를 반드시 드려야겠다는 생각이 들었다.

나는 사택에 살고 있었는데, 하필 룸메이트가 집에 들어오지 않아 혼자라는 느낌이 더 들었다. 장거리 노선을 보통 주로 뛰던 나는 4~5일 내내 집에 머물던 적도 많았다. 그래서 중동에서의 나는 보통 차분하게 집순이로 있던 적이 많았다. 특히 승무원에게 달력의 빨간 날! 한국인이 적은 이 중동 국가에서 연휴는 특별하다. 사막 한가운데 나 혼자 있는 그 느낌…. 그러나 나는 항상 연휴에 인사를 하는 습관을 지녔다. 중동에 거주하기 전에는 한국에서 그냥 식상한 연휴를 보내거나 이렇게 기본적인 인사를 지나쳐버렸을지도 모른다. 아랍에미레이트에 거주하면서 연말 인사, 새해 인사, 명절 인사 습관을 항상 잊지 않았다. 물론 크리스마스 혹은 연의 마지막 날에도 비행을 하기에 인사라는 것을 소홀히 할 수도 있다.

그렇게 나는 새해를 아랍에미레이트의 수도인 아부다비에서 맞이하게 되었다. 나는 한국으로 돌아가는 비행기 안에서 만났던 그 귀인의 이메일 주소를 가지고만 있었다. 그래도 자판을 잡고 잊지 않고 감사한 마음과 새해 인사를 전했다.

하지만 그 기내에서 만났던 분에게 회신은 오지 않았다. 그런데 몇 주가 지난 뒤에 갑자기 기내에서 만난 그분으로부터 한 통의 전화가 왔다. VIP가 오신다는 말과 함께 수행 통역 의전을 할 수 있는지 여쭈어보셨다. 나중에 지원하고 알게 된 점은 VIP는 대통령을 지칭하는 것으로 VIP 대통령 측근에서 수행 통역을 하는 업무였다.

이렇게 기내에서 만난 귀인 아주머니로부터 알게 된 VIP 통역 의전 업무에 지원하였다. 중동에서 청와대 수행 경호 통역에 지원하게 되었다. 물론 우리 선배들도 지인을 통해 업무에 투입된 분들도 계셨지만, 측근 경호 수행 통역에 선발된 것은 큰 영광이었다.

난 평소에 미숙한 점도 있지만 나 자신을 낮추는 습관을 지녀왔기에 소중한 기회와 귀인을 접할 수 있었다고 생각한다. 직업에는 귀천이 없다고, 어떤 사람이라도 존중받아야 한다고 생각하는 사람에게 뜻밖의 기회가 온다. 어떤 직업이 하찮아 보인다고 생각한다면 그 사람이야말로 높은 위치에 설 자격이 없기 때문이다. 본인이 평소에 스쳐 지나가는 사람을 어떻게 대하는지 한 번쯤은 돌이켜보도록 하자! 날 무시했던 사람일지라도 그 사람이 언젠가 내 인생에 절실히 필요한 사람이 될지도 모른다. 그래서 함부로 어떤 사람을 무시하거나 척을 지거나 등을 돌리는 일은 지양하도록 노력해야 한다. 물론 싫은 사람을 용서하고 포용하는 연습은 많은 실패와 경험으로부터 필요하다. 처음부터 잘하는 사람은 없으니까!

부당함과 싸우는 자신감과 배짱

나는 온라인에서든 오프라인에서든 사람에게 함부로 행동하는 사람을 보면 참 힘들었다. 내 마음이 다치는 경우가 많아서 나 자신을 지키지 못하고 상처받는 경우가 많았기 때문이다. 가끔 부당한 경우에 맞서 싸울 필요도 있다. 부당함과 싸울 만한 자신감과 배짱도 있어야 한다.

아랍에미레이트 수도 아부다비 그랜드모스크에서 엄마와 동생과 함께

0.1퍼센트 귀인을 만나라

6

100대 1의 경쟁률, 그곳에서 만난 귀인

VIP 대통령 수행 통역 업무를 위해 아랍에미레이트에 위치해 있는 한국 대사관으로 향했다. 선발된 인원은 현직 승무원 2명, 아부다비에 거주하고 있는 2명으로 총 4명이었다. 아랍에미레이트, 특히 수도인 아부다비에는 한국인 교민이나 한국인 승무원이 많지 않다.

그렇기 때문에 현직 승무원 2명 중에서 내가 아닌 다른 한 분은 처음 뵈었다. 보안상의 이유(Security Reason)로 상세한 이야기를 할 수는 없을 것 같다. 지금부터 내가 겪었던 경험과 모셨던 훌륭했던 리더의 모습과 귀인이었던 분의 이야기를 할 것이다.

VIP 행사이다 보니까 사전에 아주 많은 준비를 해야 했다. 중요 행사 참석자 VIP분들도 있었고, 다른 한국 교민들이 참여하는 행사들도 많이 있었다. 이 행사 업무를 위해서 한국에서 비행기로 오시기도 한 것이다. 나는 공항과 근접한 10분 이내 거리에 위치한 사택에 거주하고 있었다.

그래서인지 대사관에서는 내게 공항 영접을 하는 일을 추가적으로 해 달라는 요청을 주셨다. 승무원이 되기 전에는 VIP 행사나 중요한 행사의 높은 분들을 모셔본 적이 많이 있었다. 그래서인지 난 공항이든 어디든 VIP를 모시며 의전을 하는 일에 자신도 나름 있었다. 하나은행 행사에 오신 교세라 창업주이자 일본항공 JAL 회장이신 이나모리 가즈오 회장님을 모셨었다. 일본 항공사에서 근무할 때, 몬스터 회사의 부사장님인지 모르고 대화를 나누다가 친구가 된 적도 있었다. 롯데그룹의 고(故) 신격호 회장님도 탑승하셔서 그의 리더십과 언행을 직접 본 경험도 있었다.

VIP 업무팀이 공항에 도착하여 난 피곤함을 뒤로한 채 새벽 4시부터 기다리며 영접했다. 인사를 하는 와중, 승무원이라고 하니 갑작스레 높은 분께서 내게 큰 분노를 표출하셨다. 기내 서비스가 최악이었다며 내게 화를 내시며 컴플레인을 하시는 것이다. 그런데 내겐 귀인인 좋은 덕담을 해주시는 선배가 그 비행기에 승무원으로 탑승해 있었다. 하필 그 선배가 탑승한 비행기에서 매우 기분이 언짢으셨다는 것이었다. 그 선배는 이 VIP 대통령 행사 안에서 다른 대사관 업무에 투입이 될 상황이었다. 그렇기 때문에 더욱 심각한 사태라는 것을 알게 되었다.

　나는 좋은 말을 해주셨던 선배에게 감사한 것을 기억하여 이때가 빚을 갚을 기회라는 것을 알게 되었다. 그래서 재빠르게 그 선배에게 연락을 취해 이 상황을 알렸고 최대한 컴플레인이 나오지 않도록 진정시켜드렸다. 물론 내 잘못이 아니지만 최대한 고개를 숙이고 90도로 사죄의 자세를 취하여 진심으로 사과를 드렸다. 어떻게 보면 타인의 잘못이었지만 나의 일이라고 생각하며 사과를 했다. 내가 진정성 있는 사과를 한 덕분에 선배도 인사고과에 문제가 없게 되기를 바랐다. 또한 나 역시 업무에 투입이 되어 높은 분과 같이 일할 때, 수월하게 일을 하고 싶었다.

청와대에서 받은 거울

이전에 〈나비효과〉라는 옛 영화를 본 적이 있다. Butterfly Effect라는 의미의 영화 〈나비효과〉의 결말은 세간에 큰 충격을 안겨주었다. 세상의 모든 일은 그냥 일어나는 일이 아니라는 것을 알게 되었다. 내 작은 행동 하나가 큰 파동을 일으켜 세상까지 바꿀 수 있다는 교훈을 주었다. 나의 행동으로 부정적인 사람도 긍정적인 에너지의 기운으로 바꿀 수 있어야 한다.

국적을 대표하는 각 항공사에서 근무하며 수많은 다양한 국적과 스타일이 다른 리더들을 만났다. 하지만 오히려 PSS 수행 경호 통역 업무를 하면서 나는 진정한 리더십을 보고 배울 수 있었다. 살아가면서 수많은 리더를 만날 수 있지만, 그중에 훌륭한 리더를 만날 수 있는 일은 흔치 않다. PSS 경호처 부장님을 모시며 배운 것은 변혁적 리더십이었다. 훌륭한 리더는 아래 사람들이 자연스럽게 고개를 숙이도록 만드는 영향력이 있다. 또한 침묵 안에서 카리스마라는 것을 배울 수 있었다.

4명의 선발인원과 업무에 함께 투입되었는데 우리 중 한 팀원이 불만을 토로했다. 어떻게 보면 그냥 소통으로 풀 수 있는 상황이었을지도 모르지만 한 팀원이 너무 화가 나 분위기가 싸해졌다. '갑분싸'가 된 것이다. 나의 아버지뻘이신 분들도 계셨기 때문에 나는 그냥 중간에서 조용히 눈치를 살펴야 했다. 아무래도 중동과 해외 기업들은 직원이 자신의 개인 의견을 상사에게 반박하는 문화가 있다. 이렇게 의사 표현을 하는 문화 때문에 이런 일이 벌어졌을 수도 있다.

이 당시를 생각해보면 세대 갈등과 소통법이 원활하지 않아 일어난 문제였다. 물론 나도 아닌 건 아니라고 확실하게 선을 긋고 내 의사 표현을 한 적이 있다. 잘하지 못하는 업무는 못한다고 단호하게 소통해야 업무가 돌아가기 때문이다. 나는 팀의 제일 높으신 부장님을 모시며 정보를 드리는 의전 담당을 할 수 있었다.

하지만 시작부터 삐그덕거리던 한 팀원의 불만은 행사가 종결될 때까지 이어지게 되었다. 아버지뻘이신 부장님 앞에서 그 팀원은 식사 중에도 핸드폰만 쳐다보며 대화를 섞지 않았다. 높은 분이 대화를 걸어도 쳐다보지도 않았고 아무 대답도 하지 않았다. 이때 갑자기 내 사춘기 시절 살아계셨던 아버지에게 철없이 했던 행동들이 떠올랐다. 그래서 마음이 더 아팠고 중간에서 너무 뻘쭘했기 때문에 좋은 분위기를 연출하기 위해 노력했다.

그 불만이 많던 팀원은 갑작스레 중간에 말실수를 해서 한 번 난리가 난 적도 있었다. 내가 중동 항공사에 면접을 보러 왔을 때, 묵었던 숙소 주인과 하필 문제가 생긴 것이다. 숙소 주인은 그 문제의 팀원이 승무원을 못 하게 할 것이라며 협박의 메시지를 내게 대신 보냈다. 그 덕분에 난 중간에서 하루에 1시간 이상 불만 팀원에 대한 통화를 경청해야 했다. 왜 내가 이렇게 다른 사람의 실수로 고통을 받아야 하는지…. 그래도 겸허히 그 상황을 풀어가려고 2시간의 통화를 받아 중간에서 해결하도록 노력했다. 모두를 위한 길은 그것뿐이었다. 정말 난 그 상황이 너무 힘들었다. 하지만 당사자가 이 문제를 해결하고 싶지 않다고 하는 바람에 난 중간에서 그냥 수화기를 결국 놓을 수밖에 없었다.

침묵의 부드러운 카리스마는 아무나 가질 수 없는 리더십이라고 생각한다. 이러한 상황에서 묵묵히 감정을 컨트롤하며 자신의 일을 수행하는 것은 어려운 일이다. 대통령 수행 경호 통역 경험으로 아랍에미레이트 사막에서 침묵하는 법을 익혔다. 이 경험을 통하여 인생에서 말이 많은 사람들은 항상 실수를 한다는 것을 알았다. 그리고 훌륭한 리더는 말이 많은 것이 아니라 행동으로 보여주어야 한다는 것을 알았다.

기분이 태도가 되지 않는 연습

지금 당장의 언짢은 기분이 태도로 나타날 경우가 많다. 물론 사람이기 때문에 실수할 수도 있고 이러면 안 된다는 것을 알면서도 어려울 때가 있다. 기분이 태도가 되어 있는 사람을 보았을 때, 내가 긍정적으로 용서하고 이해할 수 있어야 한다.

아랍에미레이트 수도 아부다비 왕실 전용 공항에서 대통령 수행 경호 통역

진실한 겸손함은 어려운 상황에서
당신을 성공으로 이끌어줄 수 있는 귀인을
그리고 귀한 기회를 만들어준다.

더불어 살아가려고 노력하다 보면
안 될 거라고 생각했던 일도 성공으로 이끌어줄 수 있는
귀한 사람도 만나게 된다.

챕터 3

꼰대 라떼가
싫다고?
난 라떼만 만난다!

1

꼰대 라떼가 정말
나쁘기만 할까?

기원전 400년 전 고대 그리스 철학자 소크라테스가 말했다.

"요즘 아이들은 버릇이 없다. 부모에게도 대들고 스승에게도 대든다."

알바루스 펠라기우스는 1311년에 "요즘 대학생들 정말 한숨만 나온다."
라고 했다. 심지어 기원전 700년경 메소포타미아 수메르 점토판에도 "왜
학교 안 가고 빈둥거리고 있느냐? 제발 철 좀 들어라. 왜 그렇게 버릇이
없느냐?"라는 말이 있다고 한다.

꼰대와 라떼가 나쁘다고 잘못되었다고만 생각하는가? 2020년 한 해

가장 많이 언급된 단어는 라떼와 꼰대라고 한다. 버스에서 자리 때문에 싸우다가 나이 드신 할머니를 폭행한 사건과 지하철에서 노인에게 대드는 청소년들을 어떻게 생각하는가? 나는 라떼와 꼰대가 나쁜 것만은 아니라고 생각한다. 단지 기성세대는 우리 Z세대와 밀레니얼세대와 생각과 관점이 너무 다른 것이다. 게다가 귀인은 라떼와 꼰대라고 불리는 기성세대들에 더 많다.

라떼와 꼰대를 만날 용기가 없다면 귀인을 만날 자격도 없다. 라떼가 싫다면 좋은 기회와 부를 얻고자 하는 생각을 하지도 말아야 한다.

MZ세대와 기성세대 간의 격차가 점점 벌어지고 있다. 세대 차이 갈등은 청년과 기성세대 모두가 풀어야 할 숙제다. 이 문제를 조율하고 푸는 사람은 귀인을 더 빨리 만날 수가 있다. 제4차 산업혁명 시대의 디지털화(Digital transformation)를 겪으면서 세대 차이 갈등이 더욱 심화되고 있다.

MZ세대는 디지털 기기에 능숙한 세대다. 누가 가르쳐주지 않아도 스스로 학습하는 능력이 뛰어나다. 그렇기 때문에 이래라 저래라 명령하는 것을 너무 싫어한다. 나는 낀 세대인 밀레니얼세대로 기성세대와 Z세대 사이에 끼어 힘들고 어려운 상황을 많이 겪었다. 예를 들면 선거 활동을 하는 선거캠프에는 많은 어르신과 젊은 자원봉사자들이 있었다. 그때, 왜 요즘 애들은 인사를 안 하냐고 내게 물어보시는 어르신 라떼가 있었다. 그리고 명령조로 얘기해서 어르신이 짜증나게 한다는 Z세대가 있었다. 그 사이에 낀 밀레니얼세대인 내가 있었다.

꼰대라고 불리는 어르신들의 특징을 먼저 말하면 모두 똑같진 않다. 어떤 분은 예의범절을 많이 중요하게 여기시는 분이 있고 어떤 분은 무조건 자기 말이 다 맞다 한다. 혹은 자기 얘기만 주구장창 하면서 젊은 세대의 의견을 이해와 배려 없이 무시하는 사람도 있다.

공감을 함께 하고자 Z세대에게 이야기를 꺼내면 Z세대는 반응이 별로 좋지가 않다. 개인주의로 함께하는 것이 익숙하지 않은 Z세대와 기성세대는 절대로 융화될 수가 없을 것만 같다. Z세대는 함께하는 것을 별로 안 좋아하고 개인적인 것을 좋아한다. 어르신과 함께 무언가를 하려고 하면 자신의 업무가 있으니 나중에 오겠다고 자리를 피한다. Z세대 입장에서 꼰대와 라떼라고 칭하는 분들이 자기 얘기만 하는 모습을 보면 기분이 나빠한다.

두 세대가 모두 다 이기적이기 때문에 결국 소통이 안되는 게 아닐까? 내 개인적인 경험일 수도 있지만 낀 세대인 밀레니얼세대가 제일 힘들지 않나 싶었다.

한 대학생 Z세대 청년은 갑자기 내게 기분이 나쁘다는 언급을 했다. 내가 회의에서 청년을 대표해서 의견을 발표했는데 그것이 언짢다고 했다. 어떤 문제 상황에 대해 비판적인 생각부터 하는 그 청년이 참 안타까웠다.

"그렇게 억울하면 너도 네 의견을 대외적으로 이야기해!"

이렇게 반론하자 그 청년의 기분이 태도가 되었다. 다음 날부터 날 외면하고 인사도 제대로 안 했다. 게다가 지켜보니 며칠 동안 추리닝 차림으로 선거캠프에 왔다. 자신의 불만을 뒤에서 주장하기만 하다 보니 어르신들 그리고 나까지 굉장히 불쾌했다. 물론 그 친구를 격려하는 누군가도 있겠지만 그 친구가 굉장히 불량해 보일 뿐이었다. 물론 청년이니까, 개성이 있으니까, 부족하니까 내가 이해를 해야 한다고 생각한다. 하지만 인간이 지켜야 할 기본적인 상도는 아무리 기분이 나쁘더라도 지켰으면 한다.

내가 만났던 제일 최악의 꼰대는 내 시간을 생각하지 않고 전화를 하시곤 자기 얘기만 3시간 동안 하는 분이었다. 절대로 청년의 이야기를 경청하지 않으려는 강한 성격의 행동대장분들이 참 많다. 그렇게 꼰대로 불리는 어르신은 항상 엄지 척 해주시는 열혈 귀인이 되어주셨다.

꼰대를 대하려면 그만큼의 각오는 되어 있어야 한다. 꼰대를 마냥 대하기 싫어하지 말고 요즘 세대들의 마인드와 내 생각을 잘 명확히 전달할 필요가 있다. 그 부분이 처음에는 분명 어렵겠지만 내 시간을 양보하고 이해하는 연습을 해야 한다. 그 연습이 되는 순간 나를 누구보다 응원해주고 지지해주는 내 편 한 명이 생기는 것이다.

실제로 난 기성세대 분과 한 달 내내 3시간 정도의 장시간의 통화를 받으며 어렵게 소통을 시도했다. 덕분에 그 후, 이 어르신은 내 열혈팬으로 또한 귀인이 되어주셨다. 또한 다른 어르신 분들에게 나를 최고라고 칭찬해주시고 입소문을 내어주셨다.

어르신들과 마냥 같이 있기 싫고, 그들이 하는 말이 다 듣기 싫다면 당신은 귀인을 맞이할 준비가 덜된 것이다. 어르신분들의 특성을 파악하는 것이 세대 차이 갈등을 해결할 수 있는 요소로서 중요하다. 항공기에 비유한다면 기내 안에서 손님이 어떤 특성이 있는지를 파악하는 것과도 같다. 우리 동네에서 벌어진 세대 갈등 문제 상황이 유튜브 동영상과 뉴스에 나온 적이 있다. M사 매장에 방문한 어르신이 한 Z세대 청년에게 화가 나 그 청년의 얼굴에 음식을 집어던진 것이다. 누구의 잘못일까? 100명의 청년들에게 내가 물어봤다. 거의 60퍼센트 이상이 어르신이 잘못했다고 대답했다. 그런데 그 청년의 말투를 보면 어르신에게 따지듯이 신경질을 내는 모습을 볼 수 있다. 이렇게 디지털세대에게 겸양어, 존경어와 같이 타인을 배려하는 언어가 익숙하지 않을 수도 있다는 것을 느꼈다.

게임을 너무 좋아하는 우리나라 사람들은 온라인에서 욕설과 험담은 아주 빠르게 습득한다. 욕은 엄청 잘하면서 타인을 배려하는 말은 익숙하지도 않고 잘하지도 못한다. 심지어 기본적인 인사와 매너가 무엇인지 모른 채 사람을 보고 인사조차 하지 않는 그 청년이 떠오른다. 주로 고학력자일수록 그런 현상이 많이 있다는 것을 난 알 수 있었다.

살다 보면 꼰대 라떼라고 칭하는 분들에게 배울 점이 보이는 순간 진정한 어른이 된다. 그리고 반드시 당신에게도 그분들의 조언이 필요한 순간이 온다. 그렇기 때문에 난 꼰대 라떼가 나쁘다고만 생각하지 않는다.

세대 차이 갈등에 관한 방송 출연

추천으로 대한민국 문화연예대상 MC를 맡다

2

쓴소리를 듣기 싫다고?
난 좋아!

나는 누군가에게 쓴소리를 과감히 들을 준비가 되어 있다. 쓴소리와 싫은 소리를 견딜 만한 강한 멘탈이 준비되어 있다. 누군가 쓴소리를 하면 당장은 기분은 나쁘지만 나는 항상 뒤돌아 그 말을 되뇌어본다.

그만큼의 강한 멘탈과 마음가짐이 준비되어 있어야 한다. 내게 부정적인 조언이나 어드바이스는 나를 성장시켜주었다. 쓴소리와 부정적인 조언을 듣는 것은 성장통을 겪는 것과도 같다. 물론 너무 아프다. 그리고 기분도 좋지 않다. 난 이렇게 쓴소리를 들을 수 있는 강한 정신력과 긍정적인 자세 덕분에 많은 귀인과 만났다.

'살면서 난 반드시 좋은 사람만 만나겠다!'라는 것은 정답이 아니다.

'싫.존.주.의.' 싫어하는 것도 존중하라! 싫어하는 사람도 존중하는 법을 배우고 맞춰가는 법을 배우는 것이 인생이지 않을까?

　물론 그 쓰고 혹독한 어드바이스를 해주는 사람이 모두 완벽한 인간은 아니다. 듣기 거북한 쓴소리를 하는 사람은 100퍼센트 훌륭하고 아주 대단한 사람이 아닐 수도 있다. 하지만 이렇게 부정적인 조언을 굳이 내게 해준다는 것은 감사해야 할 일이다. 남인데 굳이 귀찮은 어드바이스를 해주는 귀한 사람을 만날 수 있다는 것은 쉽지 않은 일이다. 쓴 잔소리는 살아가는 데 자신을 성찰할 수 있도록 성장할 수 있도록 해준다. 객관적으로 날 바라봐주는 사람들의 평가를 듣는 일이기 때문이다.

　당최 나를 깎아내리는 조언을 하는 사람들의 쓴소리를 듣는 것이 왜 좋다고 하냐고? 그 과정은 세상에 존재하는 각양각색 아주 다양한 사람들의 의견을 수용하는 과정이기 때문이다. 난 수많은 수장들과 리더들을 만나오면서 그들의 주변인들을 관찰할 기회가 많이 있었다. 결국 실패하는 수장들과 리더 옆에는 항상 아첨만 하는 간신들이 참 많았다. 하지만 성공하는 리더 옆에는 반드시 수장의 눈앞을 가리지 않는 쓴소리 하는 충신들이 있었다.

　과연 당신 옆에는 어떠한 사람들이 많이 있는가? 어느 날, "왜 너는 내가 기껏 조언을 해줬더니 왜 내 말을 안 듣니?"라고 한 지인이 있다. 쓴소리와 잔소리를 경청하되 반드시 자신의 판단력도 있어야 한다. 생각해 보면 그렇게 말한 당사자에게 내 개인적인 의견을 표현을 하지 않았다. 내 주장을 펼친다면 상대방의 의견을 존중하는 태도가 아니기 때문이었다. 결정과 판단은 본인이 결국 해야 하는 것이다.

　누군가의 의사 결정에 의존하지 않는 상황 판단력과 결정 능력을 향상 시킬 수 있어야 한다. 즉, 어떠한 현상과 상황을 다방면인 시각으로 보고 해결할 수 있는 능력이 필요하다. 달콤한 좋은 말보다 거북스러운 조언들을 듣고 수렴하는 과정을 거쳐야 귀인을 만날 수 있다. 이 과정은 자신과 다른 사람들의 의견을 수렴하는 과정이기 때문에 반드시 중요하다.

　이 세상에는 특히 대한민국에는 의외로 자신만의 고정 관념에 갇혀 있는 사람들이 참 많다. 개인의 상황과 다른 환경을 잘 알지도 못하면서 함부로 말하는 사람도 물론 있을 것이다. 이렇게 다양한 사람들을 만나는 것도 귀인을 만나는 과정에 포함된다. 당신을 무조건 이뻐해주고 좋은 말만 하는 건 진정한 귀인이 아니다.

　MZ 세대의 특징은 모두 개인의 확고한 의사 결정권을 갖고 있기 때문에 소통이 쉽지 않다는 것이다. 최근 지하철에서 중딩이 어르신에게 반말하며 폭언을 하는 모습이 뉴스에 올라왔다. 이러한 현상은 왜 일어나는 것일까? 2000년도에 태어난 Z세대의 부모들을 살펴볼 수 있다.

문헌 조사에 의하면 Z세대는 디지털 네이티브로 디지털 기기에 능숙한 세대이다. 특히, 모르는 것이 있으면 이 Z세대는 유튜브로 공부하는 것이 특징이다. Z세대의 부모들은 대개 IMF를 겪은 세대들이 많다는 것도 살펴볼 수 있다.

우리 어머니는 아주 굉장한 쓴소리 대마왕으로, 엄격하게 날 키우셨다. 어렸을 땐 그게 너무 싫어서 집을 나가고 싶었을 정도였다. 왠지 그것이 전 세계를 오가는 승무원이라는 직업을 강하게 꿈꾼 동기가 된 것 같다. 오죽하면 화장실에서 샤워하고 물이 튀면 혼났고 양칫물이 거울에 튀면 또 혼이 났다. 그런 어머니 아래 자라다 보니 자연스럽게 쓴소리와 잔소리를 아주 호되게 들어온 것이다. 이러한 혹독한 환경은 내가 어른들의 쓴소리를 겸허하게 받아들이는 자세를 갖추게 해주었다.

난 아버지가 돌아가신 후, 어떻게 보면 너무 극도로 가출하고 싶을 정도의 잔소리를 들었다. 혹독한 환경에서 벗어나 훨훨 세계로 나가고 싶었던 청년 시절을 보냈다. 그 덕분에 일본, 미국, 스페인에 거주했던 경험도 있고 전 세계를 누비는 승무원이 될 수도 있었다.

승무원이 되고 난 뒤에는 정말 더 많은 국적의 사람들을 만날 수 있었다. 내가 모시고 만나 뵐 수 있었던 모든 성공한 분들 옆에는 간신이 아닌 충신들이 있었다. 주변에 간신들만 있다면 그 환경을 바꾸려는 노력이 필요하며 또한 자신을 엄격하게 채찍질하는 습관도 중요하다. 또한 엄격하게 날 평가해줄 수 있는 쓴소리를 해주는 귀인을 찾기 위해 본인도 노력을 해야 한다.

3

귀인의 마음을 모르고
떠나보내는 이유

　인간의 본성은 선하다는 성선설과 인간의 본성은 악하다는 성악설이 있다. 어떤 학설이 맞을까? 지금 같이 살기 어려운 시대에 귀인의 마음을 알 시간도 여유도 없을지도 모른다. 하지만 중요한 건 혼자 사는 세상도 아니고 혼자 뭘 할 수도 없다는 것이다.

　순자는 성악설을 주장하며 인간의 성품은 악하고 선한 것은 인위(人爲)적인 것이라고 했다. 즉, 선한 것은 선천적인 것이 아니라 후천적인 것이라는 것이다. 나도 수백 번 그리고 몇 만 번 이상 그렇게 생각했다. 누군가에게 귀인이 되어주어도 되려 내가 도와준 이에게 배신을 겪는 일도 있었다. 선한 것은 타고나는 것이 아니라 인위적으로 노력한 결과에서 나오는 것이라고 생각한다.

당신이 어려움을 벗어나 기회를 잡고 싶다면 당장 필요한 것이 있다. 혼자의 노력만이 아닌 인생을 바꿔줄 귀인의 원천적인 응원과 진심 어린 도움이다. 그 키(Key)를 쥔 사람은 당신을 전격적으로 응원해주고 도와줄 수 있는 귀인이다. 당신이 반드시 알아야 하는 것은 오늘 내일 바뀌는 비트코인과 주식 시세가 아니다. 당신을 도와주는 귀한 사람의 마음이다. 도움이 필요할 때 본인의 이기심을 내려놓고 도움을 주시는 분의 마음도 알아야 한다. 인생은 누구나 주고받는 기브 앤 테이크(give and take) 시스템으로 돌아가는 것 같다. 한마디로 받기만 하는 못된 심보로 가면 안 된다는 것이다. 내가 좋은 귀인들과 함께하고 싶고 도움을 바란다면 누군가에게 귀인이 되어본 경험도 있어야 한다.

한 학생이 "선생님이 제 귀인이십니다."라고 내게 한 적이 있었다. 그때 내가 인생에서 갑작스레 크게 깨달은 것이 있었다. 귀인이 되어본 경험이 있는 사람이 다른 귀인을 만날 수 있다는 것이다.

그 학생은 다른 교육 기관에서 집합 교육을 받았는데 아무런 도움도 받지 못했던 것 같다고 했다. 집합 교육과 다르게 그 친구의 속마음까지 이해를 해주면서 개인 코칭을 진행할 수 있었다. 귀인을 접하기만 했던 내가 누군가에게 직접 귀인이 되어준 것이 큰 보람이었다. 하지만 그 학생은 나중에 자신의 급급한 감정과 마음을 주체하지 못했다.

　내게 귀인이라고 하면서도 나의 가장 소중한 조언과 중요한 피드백을 듣지 않았다. 최종면접에서 탈락한 뒤에도 자기 발전이 없이 무작정 해외로 또 면접을 보러 갔다. 말려도 소용이 없는 그 친구의 행동은 이해할 수 없었다. 하지만 상대방 본인이 스스로 성찰하고 반성할 수 있도록 돕는 것도 귀인의 역할이라고 생각했다. 그래서 스스로 학생이 후회하지 않도록 본인 의사를 존중해주었다. 다급하고 아쉬운 마음에 본인이 저질렀던 일이 행동 소진의 결과를 안겨주었다. 그 후, 더 좋은 조건의 면접 채용이 있었는데 결국 그 모든 에너지 소진으로 지원조차 하지 못하게 되었다.

　내 환경이 좋지 않은 상황에서 남에게 귀인이 되기는 쉽지 않은 일일 수도 있다. 좋지 않은 환경은 불안정한 심신을 초래하므로 상대방에게 긍정적인 행동이 나오지 않는다. 인간은 악하다는 성악설과 같이 타인에게 귀한 사람이 되는 일은 아주 어려운 일이다. 이 세상에 존재하는 모든 직업은 타인을 돕는 일이라는 것을 생각해보면 쉽다.

　나보다 어려움에 처해 있는 사람들을 보면 위로를 받게 되는 인간의 심리가 있다. 참 어처구니없게도 '난 행복한 사람이구나.'라고 느끼는 사람들이 많다. 자신이 만족이 되지 않고 자존감이 낮고 욕심만 많은 사람은 반드시 봉사활동을 추천한다. 나보다 어려운 상황에 처한 사람들을 돕는 봉사활동을 하다 보면 자신을 찾을 수 있다. 그리고 새로운 나를 발견함과 동시에 자존감도 높일 수 있다.

귀인으로 계신 분들은 보통 일반적으로 리더와 대표자리의 경험을 많이 가지고 있다. 그런 경험이 많기 때문에 자신감 있는 모습과 자신에게 확신이 있는 사람을 좋아한다.

대학 시절, 제일 어려운 시기에 학교에서 봉사 동아리를 하라고 장려해주셨다. 그때 내가 일부러 하게 된 봉사 동아리 활동에서 나는 부회장이 되었다. 회장인 친구가 관두는 바람에 내가 회장까지 맡게 되었다. 이 경험은 내게 아주 큰 삶의 변화를 준 동기가 되었다. 왜냐하면 너무 오랜만에 책임감을 가져야 하는 리더의 자리를 맡아볼 수 있었기 때문이다. 리더의 자리가 얼마나 큰 책임감이 따르는 자리인지 경험해본 사람과 경험이 없는 사람의 차이는 너무 크다.

난 항상 내가 행동할 수 있는 행동반경에서 어떤 새로운 사람을 만날 수 있도록 노력해왔다. 학교에서 하는 가이드 일일 아르바이트에도 참여했던 적이 있었다. 난 어떤 일이든 간에 아주 즐겁게 남의 일을 나의 일과 같이 하는 성향이 있다. 그때 가이드를 해주었던 일본인 학생들에게 서울을 안내해주어야 하는 일이 있었다. 대충 안내하고 시간되면 집합하라고 하는 친구들도 있었다. 하지만 난 일본인 친구들과 함께 관광객 모드로 대한민국에 대한 자부심을 가지고 즐겁게 안내했다. 우리 팀이 너무 재미있어 보였는지 동기 오빠도 동참하고 싶어 했다. 우리 모두 일본인 학생들에게 정말 진심으로 온 마음을 다해 서울을 함께 즐겁게 다녔다. 일본인 친구가 우리의 작은 배려에 큰 감동을 받아 흐느끼며 행복해하던 모습을 아직도 기억한다. 내가 낯선 대한민국 땅을 밟았던 일본인 친구에게 귀인이 되어준 것이었다.

일본은 세계에서 비즈니스를 하기에 아주 까다로운 국가로 통한다. 하지만 한번 비즈니스를 맺으면 깔끔하고 끝까지 그 인연을 맺는다고 전해진다. 나의 그 인연은 끝인 줄 알았지만 나의 작은 행동으로 인하여 다시 이어졌다. 내가 해외 인턴쉽 장학생으로 선발이 되어서 일본에 갔을 때, 그 일본인 친구에게 연락을 했다. 그 일본인 친구는 나와 즐겁게 서울구경을 한 것에 대한 고마움을 간직하고 있었다. 자기 친구들을 총 동원하여 나와 함께 일본에 온 인턴쉽 동기들에게 도쿄 시내를 안내해주었다. 개인주의 문화가 발달된 일본이라는 국가에서 그렇게 따뜻한 안내를 받은 것은 처음이었다. 내가 낯선 대한민국 땅을 밟았던 일본인 친구에게 귀인이 되어준 것이었다.

다양한 경험을 많이 할수록 어려운 상황도 많이 만나게 될 수 있다. 물론 아주 좋은 경험을 하기도 한다. 좋은 사람도 만날 수 있지만 아주 못된 사기꾼이나 나쁜 사람도 만날 수 있다. 이와 같은 복잡한 과정에서 나 자신이 성장하게 되고 사람의 중요성을 알게 된다. 귀인의 마음을 모르는 이들은 사람을 만난 경험이 적거나 사람의 중요성을 모르는 것이다.

4

귀인을 떠나보내는
사람들의 특징

활동하는 영역이 워낙 넓다 보니 아주 다양한 사람들을 많이 만날 수 있었다. 그 중에서 난 귀인을 매번 떠나보내는 사람들의 특징을 찾아낼 수 있었다. 그들의 공통점이 몇 가지 있었다. 아래의 목록을 살펴보고 확인해보자.

1. 남의 일을 정말 남의 일로만 생각한다.
2. 자신이 무언가 도움이 필요할 때만 연락을 하고 접근한다.
3. 정중히 사과를 하는 법을 모르고 타인에게 고개를 숙일 줄 모른다.
4. 업무를 수행하는 데 있어 개인적인 감정으로 기분 나빠하며 일을 쉽

게 포기해버린다.

5. 상대방의 따끔한 충고를 받아들이지 않는다. 자신만의 고집이 강하다.

가만히 주변에 귀인이 없는 사람들을 보면 모두가 자신의 행동을 고치려고 하지 않는다. 게다가 문제를 해결하기보다는 회피해버리는 경우가 아주 많다. 나의 지인은 주로 승무원들이다. 나의 어드바이스로 이직에 성공한 지인은 1년 좀 넘어 재취직을 하고 싶어 했다. 곰곰이 생각해보면 이 지인은 내게 무언가 도움이 필요한 순간에만 나에게 연락을 했다. 외국 항공회사로 이직을 하고 싶다며 내게 도움의 손길을 구했었다.

그냥 도와줄 수도 있지만, 내가 필요할 때만 나를 찾는 이 친구의 태도를 되짚어보았다. 자신의 어떤 목표를 이루기 위해서 이 친구는 상대방을 이용하는 사람으로만 보였다. 나의 그 생각은 또 다른 경험을 통해 딱 들어맞았다.

이 지인은 결혼할 때에도 심지어 내게 결혼을 한다는 소식도 전하지 않았다. 그러나 사직을 하고 재취업에 대한 고민과 어려움을 겪고 있자 내게 연락을 한 것이었다. 난 항상 타인을 선한 마음으로 도우면 반드시 덕이 돌아온다는 것을 알고 있다. 그래서 항상 사람들을 도우며 살아왔는데 참으로 사람들은 이용하려고 날 만나는 것 같았다.

하지만 나는 그 친구의 간절한 부탁을 거절하지 못하고 일자리까지 제공해주게 되었다. 남 일을 나의 일과 같이 생각해주며 돕기 위해 내 일거리를 그 친구에게 나누어주었다. 그런데 내 일터 담당자에게 연락이 왔다. 그 지인이 연락해서 자신에게 내 일을 달라고 말했다는 것이었다. 내가 스스로 구축한 일을 말도 없이 자기가 가로채려고 한 것이었다. 나와 내 일터의 담당자도 너무 당혹스럽기만 한 상황을 겪었다.

그 친구가 저지른 부적절한 행위를 도저히 이해할 수가 없었다. 난 곧바로 그 친구에게 연락했다. 커피 한 잔하며 이 상황에 대한 해명을 듣고 싶었다. 남 일을 가로채려는 상도에 어긋나는 행동을 하다니 경악할 수밖에 없었다. 이 지인은 되려 자신은 몰랐다고 하며 사과를 하였다. 그래서 난 어쩔 수 없이 그 친구를 용서해주게 되었다. 그 친구에 대한 신뢰가 깨져버렸지만 누구나 실수할 수 있으니 깨끗이 잊어버렸다.

난 그 당시 방송국의 시상식 의전 채용과 의전 도우미 직원의 교육도 담당하고 있었다. 난 그 친구가 좋은 경험을 했으면 좋겠다는 생각에 일자리를 제공해주었다. 유명한 프로그램을 맡은 〈복면가왕〉 PD의 담당 프로그램이었는데 사실 PD님이 굉장히 까다로우셨다. 실시간으로 벌어지는 생방송에서 사실 소통의 부재가 많은 곳이 방송국이다. 그래서 방송 프로그램에 참여하는 직원이나 주인공들은 반드시 실시간으로 대처를 해야 한다. 하지만 이 친구는 일을 못하겠다고 연락했다.

그러한 마음가짐으로 "모 항공사에 승무원으로는 일을 잘할 수 있는데…"라고 했다. 승무원 일이 아니라 너무 의욕이 안 생긴다는 어이없는 이야기를 주야장천 늘어놓았다. 역시나 그 친구는 자신의 책임감 없는 모습을 전혀 고치려고 하지 않았다.

또한 연말에 중요한 연기대상 시상식이었는데, 그 친구의 책임감 없는 행동으로 방송국에 문제가 생겼다. 대체 인력을 구해야 하는데 갑작스럽게 취소한 인력을 구해야 하는 몫은 내가 다 짊어지게 되었다. 용서도 이제는 더 이상 할 수 없다는 생각이 들었다. 책임감과 경험 없이 자기가 원하는 것만 성취하려고 하는 게 이해되지 않았다. 그런 사람에게 어떤 귀인이 주변에 있겠고 그 친구를 돕고 싶을까? 어떤 면접관이 이런 지원자를 채용할까?

난 〈SBS 연기대상〉 의전 채용 담당을 맡은 것에 더욱 집중했다. 그 친구 대신 부족한 인원이 필요했기 때문에 직접 내가 필드에 나선 것이다. 직접 머리를 단정히 하고 내가 채용한 인원과 함께 팀워크를 발휘하게 되었다. 덕분에 난 2017년 연기대상 수상자였던 지성 씨와도 잠시였지만 대화를 나눌 수 있었다. 잠시 나눈 대화 속에서 우리가 모두 알고 있는 연예인이 인기가 있는 비결이 무엇인지 알았다. 단 몇 초였지만, 인기 있는 연예인분들은 기본적인 예의와 매너를 갖추고 있다는 것을 간파할 수 있었다. 첫인상은 0.1초 이내에 정해진다는 설문 조사가 있었는데 맞는 말이었다. 난 이 경험을 누구에게서도 배울 수 없는 값진 인생 수업이라고 생각했다.

이런 마음가짐 덕분에 2018년의 12월 31일의 마지막 날을 방송국에서 행복하게 보낼 수 있었다. 연예인분들과 무대 뒤에서 방송을 빛나게 만들어주시는 방송국 관계자분들 모두 귀인이라고 생각했다. 어떤 순간보다 2018년 12월 31일은 누구보다 보람되고 값지게 보낼 수 있었다. 언제 어디에서 내가 소중한 경험을 어떻게 할 수 있을까? 노력하는 사람은 즐기는 사람을 이길 수 없다는 말처럼 즐기니까 행복했다. 그 모습을 본 지인들에게 TV에 내가 나온다며 카톡과 연락이 쏟아졌다.

귀인이 없었던 어떤 지인은 10년 이상 회사에서 높은 직급까지 있다가 사업을 운영하였다. 그 친구의 첫인상은 선하고 사람이 똑 부러지는 느낌이 드는 친구였다. 하지만 앞서 언급한 지인보다 더 이기적인 마음을 가지고 있다는 것이 문제였다. 가만히 생각해보면 난 항상 좋은 기회가 오면 주변에 나누어주는 역할을 많이 해왔다. 내가 직업방송 해외 취업에 대한 프로그램에 몇 번 출연했던 적이 있다. 그 당시 또 다른 출연자가 필요하여 내 주변에서 찾고 있었다. 난 지인에게 도움을 주고자 작가님과 피디님 등 방송국 분들에게 추천하게 되었다. 사실 이 친구가 운영하는 사업체에서 내가 교육도 했었고 다른 일도 연결이 되어 성장할 수 있었기 때문에 난 보답하고 싶었다.

어느 순간 이 친구와 말을 놓고 친구가 되었는데, 생각해보면 너무 편해졌는지도 모른다. 방송 전날 저녁, 작가님이 대본을 보내달라고 하셨는데 친구에게 연락이 닿질 않았다. 나도 물론 바쁜 상황이었지만 대본을 급히 받아서 작가님에게 먼저 보낼 수밖에 없었다. 하지만 이 친구는 갑자기 자신의 최종 방송 대본을 다시 제출해달라고 버럭 화를 내었다. 아무리 친구 관계더라도 일적인 문제에 개인적인 감정을 섞는 것은 옳지 않다.

이후에도 자그마하게라도 도움을 주었던 내게 뒤통수를 제대로 친 사건이 있었다. 내가 소개해주었던 곳에 나를 제외하고 따로 일을 한 것이었다. 난 다른 일이 있어서 그러려니 하며 알면서도 모르는 척하며 용서해주었다. 나중에 수당을 받지 못했다고 하소연하는 이야기를 들었다.

선과 악의 문제가 아니라 이건 상도와 매너의 문제다. 세상에서 비밀이 없기에 쉴드를 쳐주고 싶었지만 이미 늦었다. 그 사건으로 인해 그 친구의 안 좋은 소문이 계속 나돌기 시작했다. 결국, 그 분야에서 평판이 안 좋아질 수 있는 상황까지 이르게 되었다. 날 제외한 이유를 솔직하게 나와 관련된 사람들에게 사과하고 이야기했더라면 용서가 되었을 것이다. 그래도 귀인을 접하고 다양한 소중한 일들이 많이 생겼을 텐데…. 본인의 행동으로 귀인을 만날 수 있는 기회와 소중한 일들을 놓친 것이다.

오늘이 마지막인 것처럼 살아라

어떤 일이든 오늘이 마지막인 것처럼 산다면 최선을 다하게 된다. 그냥 하루살이 돈벌이로 돈만 보고 일하는 사람을 많이 보았다. 이왕 일하는 것, 부당한 일을 겪는 게 아니면 즐겁게 즐기면서 업무를 하는 것이 좋다. 그리고 내 마음가짐에 따라 귀인을 알아보는 눈을 가지고 자신을 성장시킬 수 있다는 것을 명심하자.

한국직업방송 생방송 출연

5

어린 꼰대? 답정녀
마인드를 바꿔라

나도 답.정.너. 마인드가 아주 강한 사람 중에 하나였고 지금도 그 성향은 여전하다. 생각해보면 내 마음속에 답이 정해져 있는데 상대방에게 항상 재확인차 물어보는 습관이 있었다. 항상 어떠한 중대한 결정을 내리기 전에 사람들에게 물어보는 습관을 가지고 있다. 그 이유는 내가 생각하는 판단이 맞는지 타인의 의견을 물어보고 싶었기 때문이었다.

난 내가 80퍼센트 정도 정해놓은 내 결정에 재차 후회하지 않기 위해서 타인의 의견이 필요했다. 운이 너무 좋게도 내 의사 결정에 응원을 주시는 귀인분들도 계셨다.

사실 학위라는 것이 의미가 없을 수도 있다는 것을 알고 있었지만 고민이 참 많았다. 나는 내가 더 발전하고 성장하기 위해서 다시 공부를 해야 된다고 생각했다. 내가 국내 대학원에 진학한다고 했을 때, 아무런 정보가 없었기 때문에 어려운 점이 너무 많았다. '내 인생에서 내 이름 앞에 객실 승무원이라는 타이틀이 없다면 난 어떤 사람일까?'라는 생각을 승무원으로 현장에서 근무하면서 했었던 적이 있었다. 승무원이 너무 되고 싶은 지인이나 사람들에게 도움의 손길을 주고 싶어서 교육자의 길을 가기로 선택했다.

내 맘속에는 항상 이미 답.정.너.로 정해져 있는 답이었다. 역시 답은 정해져 있지만 나보다 경험이 있는 분들에게 조언을 구해보기도 한다. 그래서 항공사 승무원이라고 해서 꼭 반드시 관련 학과인 관광학과를 진학할 이유는 없다 생각했다. 교육자로 학생들이나 도움이 필요한 사람들을 가르치려면 좀 더 전문적인 방법(Methods)을 배우고 싶었다.

선배 중에서 승무원을 하다가 IT회사에서 근무 경력과 함께 교육으로 꽤 잘나가는 분이 계셨다. 3챕터 2꼭지에서 언급했었지만 내게 쓴소리를 해준 분의 지인이다. 그 당시 난 막내로 지방 곳곳 다니면서 배워나가며 친분도 쌓아나가는 상황이었다. 내 고민을 들으시고 본인은 박사 준비로 시간이 안 되니 아는 지인분께 나를 추천해주시겠다고 했다. 석사 진학에 필요한 학비가 만만치 않았지만 성공하신 존경하는 선배의 모습을 보고 답.정.너.인 나답지 않게 그 말에 순순히 따랐다. 하지만 하필 내가 항공사를 그만두고 퇴직금을 받아야 하는 상황에서 추천해주신 석사 진학에 문제가 생겼다. 그래서 결국 다시 나만의 방향으로 석사 진학을 다른 곳으로 틀어버리게 되었다.

답.정.너. 마인드가 항상 그르다고 할 수는 없다. 나의 답을 다른 사람에게 맡겼다가 한번 호된 경험을 했다. 답.정.너.라고 하더라도 대화를 하고 소통해서 윗분들과 협의를 해야 했다. 사실 상하복종관계에 있어서 난 교육 말단으로 배워나가는 상황이었기 때문에 감사할 뿐이었다. 하지만 여기서 내가 실수한 부분은 내 의견을 단호하게 말하지 못한 것이었다. 더 생각해보겠다는 말을 왜 못 했나 하는 후회가 되는 상황이 되어버렸다. 살면서 항상 옳은 결정과 선택을 할 수는 없다. 나보다 더 많은 인생을 살아온 분들의 조언을 더욱 어려워하지 말고 많이 구하자!

토익학원에서 함께 공부했던 지인 오빠의 말이 항상 생각이 난다. 오전/오후 항상 같이 공부를 하다 보니 친해져서 고민 상담을 공유하는 일이 많았다. 어떤 조언을 해주었는데 내가 그 오빠의 말을 듣지 않았기 때문이라고 했다. 하지만 결국 인생이라는 길의 끝에 좋은 결과가 없더라도 누구도 내 인생을 대신 살아주는 것이 아니다. 어떤 결과가 오든 내가 한 그 결정에 책임을 져야 한다. 그냥 물어보는 것이 아닌 판단을 잘 내릴 수 있도록 여러 인생 선배들의 의견을 구한다. 그 인생 선배 중에서 분명 반드시 통쾌하게 답을 주는 사람이 있을 것이다. 물론 안 좋은 결과는 본인의 탓이고 좋은 결과를 보면 조언을 주신 분께 감사함을 잊지 않아야 한다.

선택과 결정은 내 인생의 주체인 나 자신이 해야 한다. 하지만 내 주장이 있었고 답이 정해져 있었어도 상대방에게 절대 내 주장을 펼치지 않았다. 대화는 마주 보고 이야기를 주고받는 것인데 내 주장을 강하게 한다면 그것을 대화라고 볼 수 없기 때문이다.

누구도 내 인생에 있어서 결정한 판단에 대하여 뭐라고 할 수 없는 일이다. 그것을 알고 있는 사람과 모르고 있는 사람의 인생은 확연하게 다르다. 난 지금도 그 지인과 만나면 조언을 구하기도 하지만 선택과 결정은 내가 내린다. 그리고 내가 내린 선택과 결정에 대해 절대로 뒤를 돌아보지도 후회하지도 않는다. 다른 사람들의 의견을 충분히 듣고 흔들리지 않는 모습으로 나의 길을 감사하며 가면 된다.

많은 대학교 교육에서 학생들이 공동 프로젝트를 하면 서로 갈등을 겪는 것을 자주 보았다. 감정 컨트롤을 못하고 자신의 주장만 펼치는 답.정.너. 모습을 보았다. 주로 학생들이 어떤 협상하는 과정에서 설득 능력이 현저하게 부족해 보였다. 특히 어떠한 문제에 대해 갈등 상황이

닥쳤을 때, 그러한 성향이 매우 강하게 나타난다. 왜 꼰대 라떼를 욕하면서 자기는 어린 꼰대처럼 얘기하는 걸까?

청년도 마찬가지로 꼰대를 욕하고 험담할 것이 아니라는 것이다. 세상을 바꾸기 위해서 뒷담화가 아닌 어떤 혁신적인 청년다운 행동을 해보았는가의 문제다. 3챕터 1꼭지에서도 언급했지만 본인도 꼰대 기질이 있는 답.정.너.면서 남 욕하지 말자! 앞에서 대화로 그리고 소통으로 갈등을 현명하고 지혜롭게 풀어나가자!

6

내적인 스트레스를 타인에게
쏟는 사람들

'도대체 나한테 왜 그래?' 난 업무에 일하는 것에 있어서 내 개인적인 감정을 섞거나 서운함을 표출해본 적이 단 한 번도 없었다. 내 경험상 그런 사람들은 내적인 문제가 연결되어 있다고 생각된다. 내적인 스트레스가 많은 사람은 업무에 있어서 객관적인 상황 판단 능력을 갖추는 것이 요구된다.

누구나 스트레스를 안고 살지만 컨트롤하는 방법을 스스로 강구해나갈 필요가 있다. 다양한 세대와 접하고 소통하다 보면 인간관계가 깊어질수록 선을 넘는 사람들이 있었다. 사업가인 친구의 사업을 고용인으로 도와주기도 하며 친구가 된 경우도 있었다. 특히 동갑인 친구나 지인 사이에서 같이 비즈니스를 하게 되면 선을 넘게 되는 경우도 있다. 친구라도 함부로 하면 안 되는데 존중하는 태도를 보이지 않는 경우가 꽤 있었다.

대학교를 졸업한 사회인 후배를 양성하는 것도 보람 있었지만 곤욕과도 같은 고통 속의 시간도 있었다. 그 이유는 이미 사회 경험이 있어서 자신의 가치관이 뚜렷하게 정해져 있기 때문이다. 잘못된 부분을 인정하려는 자세를 가지고 있지 않기 때문이다. 더욱이 힘든 것은 감정적으로 상사와 업무를 하는 것이다. 이성적인 부분보다 개인 감정에 사로잡혀 서운한 감정을 느끼고 칭찬을 요구하는 친구들이 꽤 있었다.

난 다른 사람보다 일하는 것에 있어서 사실 좀 냉정하고 철저한 완벽주의 성향이 강한 편이다. 업무에 있어서 감성적이기보다 이성적인 기질이 강하단 뜻이다. 요즘은 코로나로 인하여 아무리 강한 멘탈을 가진 사람도 무너지기 쉬운 상황이다. 최근에는 나도 이성적이기보다 감성적으로 점점 기우는 경향이 있다.

하지만 재화가 오고 가는 비즈니스에 개인적인 감정을 갖는다는 것은 잘못되었다고 생각한다. 보통 개인적인 감성을 호소하는 친구들과 식사를 하거나 따로 만나서 속사정을 들어보기도 했다. 사실 이야기를 들어

보면 집안에서 부모님과 사이가 좋지 않아 싸운 경우도 많았다. 그 외에는 연인과 이별을 했거나 돈이 없고 미래에 대한 불안감 등의 스트레스가 많았다. 이러한 영향으로 인하여 본인에게 주어진 업무에 집중을 잘하지 못한다는 것이었다. 물론 나란 사람도 코로나와 함께 감정이 무너지고 기댈 사람 하나 없어서 너무 힘들었다. 그래도 그 개인적인 감정을 컨트롤하지 못하고 업무에 집중하지 못하는 것은 문제가 아닐까?

앞서 언급했던 대로 난 항상 일하는 것에 있어서 상도를 지키며 긍정적인 비즈니스 관계를 구축해왔다. 물론 상도를 모르는 사람들을 포용하여 문제가 생겨 손해를 본 경험도 있다. 특히 학교라는 보수적인 집단 속에서 교육자의 역할은 굉장히 중요하다고 생각한다.

난 어느 교직원의 책임감 없는 행동과 안내로 인해 문제가 생긴 적이 있다. 한 학기를 더 다닐 뻔한 어처구니가 없는 상황을 겪은 것이다. 하지만 그 교직원은 눈치를 보며 교수님에게 전화하라며 전화를 돌려버렸다.

그 교직원은 자신의 업무에 대한 스트레스가 많았던 것으로 보였다. 그래도 교직원의 말에 따라 담당 교수님께 전화하니 교직원의 담당이니 그쪽에 다시 전화를 하라는 것이었다. 내가 잘못했다고 몰아세우려고 하는 모습을 보고 당최 황당하기 그지 없었다. 도대체 누구의 책임이고 누구의 잘못이란 말인가?

　사실 교수라는 직업이 교육 준비 및 연구에 참 바쁘고 스트레스가 많은 직업이라는 것을 잘 알고 있다. 교수라는 직업은 학생을 위해 봉사해야 한다는 전제가 있어야 존경받는 교수라고 생각한다. 담당 교수가 제자의 논문 지도를 섬세히 해주지 않아 졸업하지 못하게 된 것을 보기도 했다.

　돌아가신 외할아버지께서도 교장 선생님이셨다. 항상 봉사하는 마음으로 교육을 하셨기 때문에 난 그렇게 배우지 않았다. 어느 순간부터 교육자의 모습이 안 좋게 변질이 된 건 아닌지 싶다. 출산율도 저조한 상황에서 학교들이 폐교되고 있다. 미래를 이끌어나갈 아이들을 책임져야 하는 교육자라는 중요한 역할이 자기 이득만 챙기는 직업으로 변질이 된 건 아닐까? 우리나라 현직에 있는 분들 중에 존경스러운 교수님들도 물론 계신다. 하지만 그 외의 그런 말도 안 되는 사람들을 보면 사실 속으로 분노가 차오른다. 앞으로 교육자는 자신의 권위의식에 사로잡혀 학생들을 무시해선 안 된다고 생각한다. 왜 난 이런 상황과 하필 마주해서 자꾸 맞서 싸워야 하는 일이 생기는 건지 참 곤란하기도 했다.

　사람들의 가치관은 나이를 먹을수록 더 뚜렷해지고 강해진다. 그것을 꼰대 라떼라고 부르는 것이다. 우린 어느 정도 선이라는 것을 지키며 자신과 다른 가치관을 이해할 수 있어야 한다. 취준생들에게는 이 능력이 바로 면접에서 어필할 수 있는 의사소통 능력(Communication Ability/ Skill)이 있다고 할 수 있는 것이다.

나와 다른 의견과 가치관을 가진 타인을 설득하는 능력은 비즈니스 관계에서 중요하다. 해외에서 나와 다른 누가 대화하는 것을 관찰한 경험을 이야기하고 싶다. 총명했던 유대인 친구들은 배려를 기본으로 논리정연하게 상대방을 설득했다. 부드러우면서도 리더십있게 자신의 주장을 이야기하는 것을 보았다.

사람들은 돈이 많아서 여유가 있는 사람은 내적인 스트레스가 없을 것이라고 생각한다.

내가 만났던 분 중에서 엄청난 부를 가지고 있던 분이 있었다. 겉으로 보아도 굉장한 여유가 느껴지시는 분들이 많았다. 하지만 부유하지 않더라도 훌륭한 인격과 품위를 지키시는 분들이 더 대단하다고 생각했다. 어려운 상황에서도 자신의 힘든 스트레스와 고통을 컨트롤하는 능력을 갖춘 것이기 때문이다. 누구보다 자기 자신에 대한 관리를 잘하고 있다는 이유이기 때문이다. 더불어 스트레스 안에서 여유로워 보이는 마음을 가지신 분들은 평정심을 가지고 있다. 리더십의 기본이 부드러움이라는 것을 아시는 분이기에 누군가에게도 분명 존경받을 것이다.

우리의 스트레스

만 19~59세 성인 남녀 1,000명을 대상으로 한 연구 조사 결과에 의하면 일상 속에서 스트레스 수준 자가 평가를 했더니 47.9퍼센트가 높은 편이라는 결과가 나왔다. 30대가 54.4퍼센트로 가장 많았으며, 20대가 50퍼센트로 높았다. 스트레스의 가장 큰 원인이 45.8퍼센트로 경제적인 어려움이었고, 45.5퍼센트가 미래에 대한 불안감으로 인한 것이었다. 나머지 대부분이 직장 생활과 업무 스트레스, 건강 문제, 가족 문제, 인간관계 문제 스트레스였다.

'살면서 난 반드시 좋은 사람만 만나겠다!'라는 것은 정답이 아니다.
싫어하는 것도 존중하라!

마음가짐에 따라 귀인을 알아보는 눈을 가지고
자신을 성장시킬 수 있다.

인생의 귀인을
구별하는
6가지 원칙

1

친구 사이에도
귀인은 있다

귀인이라는 단어를 어떻게 설명할 수 있을까?

貴(귀) : 1. 귀하다. 2. 신분이 높다 3. 중요하다
人(인) : 1. 사람 2. 남 3. 딴 사람

즉 귀한 사람, 중요한 사람으로 설명할 수 있겠다. 귀인을 잘못 해석하는 사람들이 있었는데 나를 도와줄 귀인을 모신다는 개인방송을 하는 사람들이었다. 나는 귀인을 날 도와줄 사람으로 해석하지만, 반대로 해석되는 친구 귀인에 대해 이야기를 하고 싶다. 오히려 최악의 행동으로 내

게 상처를 주었지만 깨달음을 주며 도움이 된 사람도 귀인이라고 생각한다.

보통 자존감이 낮은 사람들은 상대방의 단점만 보거나 타인이 잘되는 일을 아니꼽게 생각하는 경향이 있다. 몇 달 전 21살 때부터 친구였던 17년 지기 친구와 의절을 하게 되었다. 참 가슴이 아픈 일이다. 그 친구는 17년이라는 오랜 시간 동안 변함이 없었다. 난 이 친구로 인하여 변함없는 친구에 대한 기준이 흔들렸다. 친구라는 단어의 의미가 이렇게 깨질 줄은 꿈에도 몰랐다. 17년이라는 참 긴 시간과 함께하던 변함없는 친구와 의절을 하게 된 에피소드다. 이 시간 동안 이 친구는 내게 사실 은근히 의지를 많이 했던 것 같다. 난 그냥 앞만 보며 열심히 살아가니까 이 친구에게 힘이 되었다고 했다.

이 친구는 자존감이 매우 낮은 성향인데 나를 통해 많은 자신감을 얻었다고 했다. 물론 나란 사람도 자존감이 낮아질 때가 있고 그런 힘든 순간들이 있었다. 그렇게 자존감이 낮아질 때가 누구에게나 찾아온다. 그렇지만 친구 관계에 있어서 질투와 함께 자존감에 대한 문제는 굉장한 큰 문제가 된다. 나보다 자존감이 낮은 친구라면 위로해주어야 하고 보듬어주어야 하기 때문이다. 그런 관계 속에서 그 친구가 긍정적으로 변했다면 다행이지만 반대라면 멀리할 수밖에 없다.

난 그 친구를 계속 칭찬해주며 더 보듬어주고 포용해주어야 하는 관계를 지속해왔다. 한마디로 내가 힘들어지는 관계를 자초하여 친구라는 울타리 속에서 나를 학대하고 있었다. 난 사람 만나는 것을 좋아해서 내가 지인들을 소개해주려고 하면 이 친구는 자존감이 낮아서 소위 말하는 '극혐'을 했다.

처음엔 몰랐으나 이 친구는 외모 콤플렉스가 있어서 사람을 만나는 것에 아주 큰 두려움이 있었던 것이다. 그런 친구를 항상 격려해주고 응원해주면서 좋은 관계를 나만 힘들게 유지해왔었다. 내가 만들어온 소중한 사람들을 내 친구에게 소개해주고 싶었다. 하지만 그 친구는 내가 아는 지인에게 첫 만남의 자리에서 날 내리까는 말투와 대화의 방식으로 얘기했다.

내겐 아주 충격적이었으며 이러한 사건 외에도 아주 많은 일이 크고 작게 있었다. 어느 날은 아주 소중한 교수님과의 저녁 식사를 그 친구와 함께 셋이서 해야 하는 상황이 왔다. 그 친구는 다짜고짜 나만 보려고 기다렸다며 교수님 앞에서 버럭 화를 냈다. 교수님도 그 친구의 행동에 크게 당황하셨고 그 친구의 행동은 항상 변함이 없었다. 이 사건으로 나도 너무나도 화가 났다. 이 친구는 결국 교수님과 식사를 못 하겠다고 자리를 박차고 가버렸다. 이 친구에게 지금까지의 나의 감정을 호소했지만 되려 자기가 나와 친구를 할지 생각하겠다고 했다.

사람에겐 자기 성찰이 필요하고, 그래야만 성장하고 변화한다. 성장하는 인간이 되어야 맞는 게 아닐까? 몰라서 경험이 없어서라고 하면 그래도 변명이 될 수 있지만 그것도 한두 번이어야 가능한 일이다. 자존감이 낮은 상태에서 누군가의 위로를 받고 격려를 받는 것에도 한계가 있다. 만일 전문가의 도움이 필요하다면 요청하는 것도 좋은 방법이다.

내가 가진 상처를 회복시킬 수 있는 회복 능력은 나 자신에게 있다. 주변인이 지쳐버린다면 떠날 수도 있기 때문이다. 자신감과 자존감을 스스로 키워야 한다는 것이 쉽진 않다. 가만히 보면 환경과 상황에 따라서 사람들이 생각보다 자존감이 굉장히 많이 낮아진다.

난 17년이라는 시간 동안 그 친구에게 변함없는 격려와 칭찬을 메마르지 않게 해왔다. 물론 중간에 해외에서 거주를 한 시간이 많아서 연락이 잘 안 된 날들도 있었다. 하지만 이 친구와 연락을 하고 나면 항상 느끼는 것은 '불편함'이었다. 어떠한 대화를 하면 이 친구는 기분 나빠할 때가 많았고 공감이란 찾을 수가 없었다. 긍정적이지 않고 부정적인 대화의 내용도 변함이 없었다. 나도 이 친구와 지속적인 관계를 지속해나갈지 고민하며 자신이 없어졌다. 이렇게 자신감이 없어지면서까지 그 친구의 눈치만 보며 지낼 수 없다는 결론을 내렸다.

이 경험으로 '시간이 흘러도 변함없는 친구란 과연 어떤 의미일까?' 생각했다. 내가 정말 어려운 상황에 처했을 때, 친구 중에서도 귀인이 되어준 친구도 있었다. 그 친구는 사실 나와 아주 가깝지도 않은 친구였지만 위로를 해주었고 큰 격려를 주었고 도움을 주었다. 그런데 왜 17년이나 오래 인연을 맺어온 친구가 3개월 알게 된 친구보다 못한 걸까?

친구 사이에 있어서 지나친 배려는 오히려 자신이 없어지는 관계라는 것을 깨닫게 해주었다. 물론 친구 관계에 있어서 상대방 혹은 내가 상처를 받는 경우가 있을 것이다. 또한, 자신의 자존감에 대한 문제를 그냥 대수롭게 넘기고 무시하면 안 된다. 자신보다 나은 상대방의 모습에만 질투하며 상대방을 깎아내리는 것은 바람직하지 않다. 상대방 친구의 인생을 신경 쓸 시간에 내 자신에 대한 보살핌과 투자를 한다면 한없이 자신감과 자존감이 자랄 수 있다.

조언이 상처가 될 수도 있다

참 변함없는 친구, 친구이기 때문에, 친하니까, 너를 위해서 해주는 말들이 많다. 때론 그런 충고들이 상처가 될 때가 있다. 친구 관계에서 물론 조언도 필요하겠지만 대부분의 사람은 위로를 받고 싶어 한다.

누군가에게 위로를 받고 싶고 위안을 얻고 싶기 때문에 친구를 만나고 사람을 찾는다. 그런데 이런 사람들에게 생각해준답시고 말을 함부로 해서는 안 될 것이다.

2

쓴소리가 성공의
키(Key)가 된다

잔소리라고 한다. 꼰대의 말이라고 한다. 라떼의 말이라고 한다. 꼰대 라떼라고 한다. Z세대 사이에서 나온 말들이었다. 최초 연세대 출신인 방송 BJ가 신조어를 만들었다. 우린 결국 모두 꼰대가 된다. 초등학생에 게 교육 봉사를 하는 대학생들도 초딩을 만나면 결국 꼰대처럼 행동하고 가르치려고 한다. 누구나 꼰대가 된다. 어른들 말이 틀린 게 하나도 없 다.

아마 엄마 잔소리도 듣기 싫은 사람에게 타인의 잔소리를 듣는다는 것 은 아주 곤욕일 것이다. 물론 잔소리로 들릴 수가 있고 내게 공격을 하는 것처럼 느껴져서 큰 마음의 상처를 입을 수도 있다. 듣기 싫은 소리를 억지로 들으라는 소린 아니지만 싫은 내색은 하지 않기를 바란다.

나는 항공기 승무원으로 근무를 한 후에 잠시 비행을 쉬면서 앞으로에 대한 고민을 하고 있었다. 전문 교육자가 되기 위해서 예비 승무원을 가르치면서 따로 전문교육원에 다니며 내 자신을 발전시켜왔다. 그 당시, 새로운 도전에 너무 기쁘고 가슴이 벅찬 하루하루로 교육을 받고 있었다. 이 교육원은 카메라 촬영과 함께 전문 피드백을 체계적으로 받을 수 있는 교육을 진행하고 있었다. 아나운서 출신과 방송인 그리고 나와 같은 승무원 출신들이 이 교육을 받기 위해서 많이 수강을 하고 있었다.

전문교육기관에서 우리를 가르쳐주시던 분 중에서 쓴소리를 심하게 해주셨던 스승이 생각난다. 나도 심하게 상처받았고 눈물 나는 쓴소리를 들은 적이 있다. 하지만 오히려 내게 쓴소리를 하셨던 강사님으로부터 대기업 교육 강사 제의를 받게 되었다.

그분이 했던 말은 살아오면서 평생 듣지 못한 쓴소리였기 때문에 아직도 생생하게 기억하고 있다. 우리 반에 가장 막내였던 어린 친구는 피드백을 받고 그 강사님의 얼굴을 쳐다보지 못하고 눈물을 흘리기도 했다. 요즘에 보기 드물게 쓴소리를 하며 피드백을 주시는 선생님이셨다.

부담스러운 카메라 촬영과 함께 떨리는 마음으로 나름 잘했다고 생각했는데 내 차례가 와서 피드백을 받았을 때, 생전에 들어보지도 못한 말들과 부정적인 말들이 가슴을 후벼팠다. 그 막내였던 어린 친구는 아예 그다음 날 출석을 하지 않고 나오지 않았을 정도였다. 우리가 있었던 교육장 분위기는 살얼음같이 굉장히 조용했고 모두들 침묵 속에 잠겼다. 그래도 나이대가 있던 분들이 많았기에 조금이라도 버틸 수 있던 게 아니었나 싶다.

　내가 눈치가 빨라서인지 상황 판단 능력이 있어서인지 모르겠지만 이렇게 쓴소리를 하시는 이유가 있다고 생각했다. 기업에 교육을 가게 된다면 분명 교육을 수강하시는 임원분들, 조직원분들이 내게 할 수 있는 얘기지 않을까 생각했다. 그것을 견딜 수 있는지 테스트를 하는 것같이 느껴졌고 내 단점도 인지를 하고 있는지 확인하시는 것 같았다. 그리고 난 항상 성찰과 반성을 해온 사람이었기에 대답했다. "네! 저의 단점을 이야기해주셔서 너무 감사합니다. 숙지하고 조심하겠습니다." 이렇게 이야기를 한 사람은 우리 교육장에 나 하나였다.

　이를 악물며 대답한 나는 사실 내면으로 자존심도 상하고 가슴이 아팠지만 수용하는 모습의 자세를 보였다. 2개월 이상 진행이 되었던 교육이 끝나고 난 실제로 전문 교육 강사로 활동하기 위한 준비를 하고 있었다. 물론 비행기도 다시 타며 기내에서 승무원으로 근무하고 싶은 마음도 있었지만 추후 미래를 위해 전문 교육자로 활동 경력을 쌓고 싶었다. 교육을 수료한 뒤 사실 예비 승무원을 교육했지만 좀 더 위 단계인 기업이나 공공기관에서의 교육을 할 수 있는 기회를 잡기 어려웠다.

　하지만 난 승무원이 아닌 신분으로 다른 어떤 일이든 해보기 위해서 이것저것 도전을 해볼 수 있었다. 그런 덕분에 경상북도에서 하는 공공 기관 국가 행사에 교육 담당으로 제의를 받아서 몇 달 동안 합숙훈련을 하며 행사문화도우미 친구들을 교육할 수 있었다. 그때의 쓴소리는 내게 용기를 꺾는 불안함을 주기도 했지만 나 자신을 낮추는 겸손함을 잊지 않게 해준 경험이 되었다. 이러한 겸손한 자세는 오히려 공공기관 관계자분들에게 긍정적인 이미지를 보여 다양한 매스컴에 나를 알릴 수 있는 기회를 얻게 되기도 하였다. 각종 뉴스 기사와 매스컴 그리고 영상보도를 통하여 김. 소. 정. 나의 이름 석 자를 알릴 수 있게 되었다.

　전문 교육자로 매스컴을 타게 되니 몇 달 뒤, 내게 그 쓴소리를 하셨던 대표님께 연락이 왔다. 물론 그분 입장에서는 내가 이렇게까지 매스컴을 타게 될 줄은 꿈에도 모르셨을 것이다. 난 쓴소리를 해주시고 겸손함을 잊지 않게 해주신 그 대표님께 감사함을 잊지 않고 전해드렸다. 그 겸손함을 알아주셨는지는 모르겠지만 그날, 내게 어떤 교육 전문 분야에 계신 대표님을 소개시켜주셨다. 이렇게 해서 난 새로 인연을 맺게 된 대표님과 함께 다니진 못했지만 중소기업 신입사원 집합 교육을 하루에 8시간 하는 업무를 맞게 되었다.

칭찬보다 쓴소리는 부모님인 엄마나 아빠가 내게 하더라도 듣고 싶지 않은 것이 당연한 일일 것이다. 잔소리로 들리기 때문에 누구나 듣고 싶지 않은 게 당연할 것이다. 하지만 한 번쯤은 왜 상대방이 내게 이런 소리를 했는지 깊게 생각해볼 필요가 있다. 특히 내가 어떤 분야에 성공하기 위해서 정말로 필요한 조언일 수 있기 때문이다. 사실 쓴소리를 타인에게 한다는 것은 그 상대에게 관심과 애정을 가지고 있기 때문이다. 관심이 없는 사람에게는 아무런 악성 댓글도 나쁜 말도 하지 않기 때문이다.

사실 나는 친구보다 웃어른들을 더 많이 상대하고 주변에도 많은 어르신들이 계신다. 청년으로 다양한 세대와 함께 소통하고 이런저런 이야기를 주고받을 수 있는 사람들이 몇이나 될까? 어느 순간부터 동갑 친구들이나 나이차가 얼마 안 나는 사람들과의 대화보다 웃어른들과 대화가 더 편해진 것 같다. 이러한 부분을 깊게 생각해보았을 때, 어느새 내가 성장하고 어른이 된 것이 아닐까 하는 생각이 든다.

기회를 쉽게 생각하는 사람들

인연이 된 새로운 대표님을 통해 내가 가게 된 교육 장소는 땅끝마을과 가까운 광양에 있는 교육장이었다. 전문 교육을 제대로 받지 못하고 기회에 대해 쉽게 생각하는 사람들은 '그 멀리까지 가야 되나요?'라고 내게 반문한다. 이럴 때마다 난 굉장히 당혹스럽지만 이해를 시키기 위해 설득하고 설명해준다. 교육을 쉽게 생각하고 봉사하는 마음이 없어 보이는 모습을 보면 참 터무니가 없을 때도 많이 있다.

3

우리는 모두 누군가의
귀인이다

어느새 세상에는 의리 없는 인간들이 많아졌다. 누구나 내가 누군가에게 귀인이 될 수 있다고 생각해야 한다. 어려움에 처해 있을 때, 도와줄 수 있는 사람이 몇 명 있는가? 살아가다 보면 누구에게나 힘든 순간이 날벼락같이 올 수 있다. 내 주변에도 기회를 잡고 싶고 돈을 벌고 싶고 지독한 힘듦에서 벗어나고픈 사람들이 많다.

이 세상은 혼자 사는 것이 아닌 사람들과 함께 살아가야 하는 곳이다. 귀한 사람, 귀인을 만나려고 하고 복이 깃든 행운을 받으려면 먼저 본인의 행동을 돌이켜보며 의리와 상도를 지키며 살았는지 되돌아보라! 그리고 그렇게 살아보자!

다양한 귀한 인연과 기회를 많이 접하기 위해서 내가 도움 받은 사람들에게 감사함을 보답할 수 있어야 한다. 물론 '내가 힘든 상황인데 어떻게 남에게 감사를 전하냐?'라고 화가 날 것이다. 감사함을 보답하는 방법은 아주 큰 게 아니다. 아주 약소해 보이는 손편지일지라도 상대방에게 감사함이 담긴 마음을 전하면 된다. 각 나라별 수장들도 수교를 위해 만날 때에도 격식을 갖추어 각 나라의 대표가 되는 소중한 선물을 챙겨 상대 국가에 공손히 전한다. 이러한 기본적인 매너를 갖추지 못한다면 큰일이든 작은 일이든 맡을 책임이나 자격이 없다.

제4차 산업혁명과 코로나 때문에 더욱 사람을 만나는 것이 어려운 이 시기는 사람들에게 많은 깨달음을 주는 시간이다. 모든 사람들의 인생 그래프를 그려보면 크게 성공한 사람들은 나락으로 떨어질 수도 있고 언제든 한순간에 폭삭 백수로 전락할 수 있다. 그러니 감사함을 보답할 수 있진 않지만 그 감사함을 잊지 말고 살아가라고, 상대방이 잊을지라도 나중에 꼭 보답하면 된다!

지금 처한 상황에서 조금 더 나은 기회를 찾는 것을 원한다면 더 좋은 환경으로 내 자신을 업그레이드시키기 위해서 반드시 상대방에게 받은 감사함에 보답할 줄 알아야 한다. 이러한 기본적인 매너와 품격을 갖추기 위해서 해야 할 행동(Action)들을 정리해보았다.

Step1. 상대방에게 내가 먼저 신의 있는 행동을 취하기.

도움을 청하기 위해서는 먼저 도움을 주시는 분의 마음과 상황을 헤아리며 청해야 한다. 물질적인 것만 존재하는 게 아니다. 감사하는 그 마음을 충분히 전하고 다른 방향으로 전달할 수 있으면 된다. 감사함을 잊지 않고 살면 된다.

Step2. 상대방에게서 자그마한 도움 받았다면 반드시 은혜와 감사함 전하는 것 잊지 않기!

안부인사를 챙겨야 한다. 지금 상황이 녹록치 않더라도 반드시 별 볼일 없어 보이는 초라한 자신의 감사함이 배가 되어 분명히 돌아온다. 정말 너무 상황이 어려워서 못 한다면 내 상황이 조금이라도 괜찮아졌을 때까지 기억해두도록 한다. 특히 감사함을 전할 수 있는 가장 좋은 매개체로 명절을 예로 들 수 있다. 생일, 명절, 경조사를 통해 자연스레 안부인사를 전하는 것은 더 반갑고 상대방에게 전할 수 있는 가장 자연스러운 방법이다. 보답을 하는 것은 아주 큰 것이 아니다. 혼자 그냥 잘 되고 성공해서 잘사는 것이 아니다. 상대방이 아무리 네가 성공하는 것이 보답하는 것이라고 말을 할지라도 절대 잊지 않는 것이다.

약 7년 동안 아주 많은 교육생들을 만나며 강의를 하고 제자 양성을 해왔다. 초반에 내가 학생들에게 전달하지 못한 것은 면접과 취업에 쫓기는 친구들에게 단기로 합격만 시킨 것이다. 초반에는 이러한 합격 속성 교육 방식이 아주 잘못되었다는 것을 깨닫지 못했었다. 지금 대한민국 교육은 인성 교육보다 점수 위주의 주입식 교육과 1등을 외치는 교육을 해오고 있다. 단지 면접에 합격하는 것을 좇아 합격한 친구들은 사람들과 어울리는 법과 삶을 살아가는 이 중요한 방법을 모르기 때문이다. 단지 경쟁 사회에서 남을 짓밟고 이겨서 합격한 친구들은 어떻게 살아갈까? 어떤 사회에 영향을 미치는가? 나에게 혹은 사람들 개개인에게 어떤 부정적인 영향이 오는가? 이런 것들을 크게 보지 못하는 것이다.

막상 난 나보다 나이가 많으신 어른들에게 경조사, 명절, 생일에 반드시 생사 안부를 전했다. 인생이 전쟁터에서 살아남는 일과 같을지라도 난 잘 살아가고 있다고 당신은 잘 지내고 있느냐고 생사 안부 확인을 하며 사람답게 사는 것을 해보란 것이다. 어르신이신 멘토분들과 친분을 쌓아가다 보면 걱정이 되는 것은 건강에 대한 염려다. 교육자의 삶이란 학생들에게 교육생들에게 봉사하는 마음으로 살아가야 한다. 취업과 목표에 급한 친구들에게 좋은 올바른 정보들과 지식을 전해서 취업에 성공하게 하는 일. 100명을 교육해서 합격을 시켰다고 가정해보았을 때, 성공 후 안부 연락을 주는 제자는 없었다. 추후 연락이 오더라도 목적이 있거나 자신의 필요함으로 연락하는 친구들도 있었다.

  난 무언가를 바라거나 기대를 하지 않고 교육해왔다. 교육을 하다 보니 친구들에게 알려주지 못한 부분들이 너무나도 많았다. 그래도 교육을 했던 학생 중에서 감사함을 잊지 않고 겸손함을 잊지 않았던 인상 깊었던 한 학생이 있었다. 이 제자는 누구나 가고 싶어 하는 세계 기업 구O 코리아 취업에 성공했다. 난 이 친구가 이 글로벌 대기업에 합격한 이유가 학력도 아니고 학점이 좋아서도 아닌 인성이라고 깨달았다. 그 당시 중소기업 회사에 다니며 유럽 항공사로 이직을 원했지만 공채가 없던 관계로 적성에 맞는 기업으로 가는 것으로 코칭했다. 그래서 원하는 직업과 적성에 맞는 직업에 대한 현실적인 부정적인 이야기와 함께 현업에 대한 현실적인 조언을 해주었다.

  이직과 재취업을 하려고 했던 두 명이 생각난다. 내게 이직하기 위해 코칭 의뢰를 했었는데, 조언을 받아들이지 않고 본인의 판단과 결정으로 둘 다 재취업과 이직에 실패했다. 그리고 이 두 친구는 연락을 끊어버린 것이다. 이 친구는 마지막 인사도 없이 나중에 내가 자신들에게 이용 가치가 없다고 생각했는지 연락도 받지 않고 사라져버렸다. 아무리 자본주의 시대라지만 이용 가치가 없다는 식으로 함부로 사람을 대하면 어디서 마주친다는 생각은 하지 않을까? 그러면서 이러한 부류의 사람들은 꼭

좋은 일을 하고 싶어 하고 누군가 자길 도와주길 기대하며 인생에 좋은

일이 생기를 바란다.

4

아닌 건 아니라고 할 줄 알아야 한다

귀인은 맹한 사람을 좋아하지 않는다. 누구나 살면서 어려움에 처해 있을 때, 사람들은 상황 판단력과 의사 결정 능력이 흐려진다.

그렇기 때문에 다른 사람들의 조언이나 말에 쉽사리 흔들린다. AI가 아니라 인간이니까 당연히 흔들리는 것이다. 사람의 성향은 애매모호하게 이도 저도 아니고 나이가 있을수록 두 가지의 성향으로 나뉜다. 보통은 답.정.너 성향이 강한 사람 VS 우유부단한 성향이 강한 사람으로 나뉜다. 본인의 성향이 강한 성향의 사람을 일반적으로 사람들이 꼰대 라떼라고 칭하는 것 같다.

단호하게 아닌 걸 아니라고 하려면 가치관 문제가 논의될 수 있다. 사람은 누구나 생각이 다르고 실수를 할 수 있기 때문이다. 어떤 사람을 대할 시, 바로 아니라고 하는 것은 예의와 매너가 아니라고 생각한다. 나도 사회 초년생 때는 용서를 해본 적도 여유도 없어서 누군가를 포용력 있게 용서하는 법을 알지 못했었다.

예를 들면, 연락이 없던 동생이 갑자기 연락해서 결혼한다며 결혼식에 와달라고 연락이 왔다. 사회 초년에는 그 동생에게 직설적으로 갑자기 연락한 이유가 결혼식 때문이냐 반문한 적이 있다. 사실 내 말에서 틀린 말은 없었지만 상대방은 너무 미안해하며 아무 말도 하지 못했다. 어떨 땐 아닌 건 똑부러지게 아니라 말하는 것보다 포용해야 하는 순간을 가져야 한다.

다른 에피소드를 풀어보자면 성추행이나 성희롱적인 애매한 행동을 한 사람이 있었다. 심지어 여자 친구가 있는 사람이었는데 내 손을 잡으려고 했던 사건이었다. 최근에 성추행과 성희롱이 굉장히 법적으로도 큰 문제가 되고 있기에 민감한 이슈다. 여초 생활만 해왔던 내게 그런 상황이 너무 당황스러웠지만, 그 자리에서 지금 뭐하는 거냐고 말했다. 상대방은 굴하지 않고 내가 자신을 착각하게 만들었다고 말을 했다.

나중에 알게 된 일이었는데 아는 아나운서 출신인 지인도 성추행을 당한 경험이 있다고 했다. 그러한 경험으로 사회활동에 대한 두려움과 정신적인 문제까지 생겨서 우울증이 왔다고 했다. 다른 사람의 말에 의하면 자신의 상사라면 더욱 말을 하기가 참 곤란하고 어려움을 갖는다고 말했다. 나도 불끈불끈 분노와 함께 앞으로 이러한 행동을 하는 사람들에게 딱 잘라 말하게 되었다.

난 전 세계를 무대로 다양한 외국 회사에 다닌 경험이 있어서 어느 정도 오픈 마인드를 가지고 있다. 이탈리아에서는 포옹이나 양볼에 키스를 하는 것이 기본적인 인사이기 때문이다. 하지만 우리나라에서는 이런 부분들은 굉장한 큰 불쾌감과 오해를 불러일으킬 수 있다. 아직 올바르지 않은 성의식을 가지고 있는 사람들도 있고, 성에 대한 교육도 제대로 진행되고 있지 않기 때문인 것 같다.

일적으로 계약직에서 정직원으로 되지 않는다든가 하는 약자의 경우를 노려 문제를 만드는 사람들이 있다. 최근에 어떤 청년에게 상사가 술을 마시고 성희롱을 했다는 이야기를 듣게 되었다. 직장을 관둬도 되니 그런 사람에게 똑 부러지게 말하라고 조언을 해주었다. 그런 상사 밑에서 배울 것도 없고 관둘 마음을 갖고 윗사람에게 보고하라고 전했다. 필요하다면 공공기관에 신고를 하는 방법도 있고 여러 가지의 방안들이 존재한다.

교육을 하며 IT회사에 다니던 학생이 성희롱을 하는 상사 때문에 힘들다고 하소연을 한 적이 있다. 그 상사 때문에 이 학생은 너무 정신적으로 고통을 받고 있어서 사직하고 싶다고 했다. 난 거절의 의사를 표하고 더 열심히 이직 성공을 하자고 격려해주었다. 단호하게 거절했던 그 학생은 어려움도 겪었지만 나중에 다른 상사와 동료들도 이 사건을 알게 되면서 그 성희롱을 했던 상사가 결국 다른 지사로 발령이 났다고 했다. 참 살아 가다 보면 관계를 위해 참는 게 아니라 아닌 건 아니라고 하는 것이 중요 한 것 같다.

아닌 건 아니라고 줏대를 갖고 본인의 의견을 피력하려면 상황 판단 능력이 필요하다. 상황 판단을 할 수 있는 넓은 시야는 우리가 살아가면 서도 꼭 갖춰야 하는 능력이 되겠다. 가끔 너무 결정이 어려운 순간이 오 면 휩쓸리고 우유부단하게 된다. 아무리 자기 결정을 잘하는 사람일지라 도 누구에게나 어려운 상황이 온다.

그러면 좋은 상황 판단 능력을 갖추기 위해선 어떻게 해야 될까?

상황을 판단하는 능력을 갖추려면 수많은 경험이 있어야 한다. 경험이 있는 사람이라도 내가 처한 상황이 어떤 상황인지 구별이 안 될 수도 있 기 때문이다.

친절하고 지혜롭게 거절을 하는 것도 연습이 필요하다. 업무적으로 얽 이거나 관계에서 친분이 쌓이게 되면 거절을 하는 것이 어려워진다. 항상 상대를 배려하는 마음을 가지고 있는 사람은 타인의 마음을 더 생각하기 때문에 거절이 어렵다. 그럼 나 자신을 한 번쯤 더 사랑하고 생각하려면 어떻게 해야 할까? 연구 논문 보고서에 의하면 타인과 함께 있는 시간을 줄이는 것이 좋다고 했다. 그리고 혼자 외로움에서 고독 속에 있어본 사람은 진정한 내 자아를 찾을 수 있다고 했다. 자발적인 고독한 시간이 자신을 알아차리게 하고 삶의 의미를 찾게 해준다. '자신다움 그리고 자신다운 인생'을 살아갈 수 있도록 하는 것이다.

용서에 대하여

살면서 지금까지 큰 실수를 하는 사람들을 많이 겪어왔다. 마음이 큰 사람은 모든 사람을 용서한다고 들었다. 하지만 모든 사람을 용서하기에는 아직 우리 모두 노력이 필요하다고 생각한다. 타인이 어떤 실수를 했을 시, 3번 정도 용서하고 기회를 주는 것 같다.

5

귀인인 척하는
사람도 있다

어느 날, 지인이 "왜 네 주변엔 이상한 사람만 있어?"라는 질문을 했다. 이상한 사람만 주변에 있는 게 아니라 많은 사람을 접하고 대인관계가 넓으니 악연을 만날 가능성도 큰 것이다. 세상에는 이상하게도 귀인보다 귀인인 척하는 사람들이 더 많다. 귀인을 만나기 위해선 많은 악인도 만나는 과정을 반드시 겪을 수밖에 없다.

좋은 기회를 얻었다면 최악의 상황을 겪은 경우가 많다. 오래전부터알았던 인연과 스쳐 지나간 인연들이 있는데 도와주는 척하며 귀인인 척했다. 내 주변에서 맴돌다 뒤통수를 치거나 등에 칼을 꽂는 사람을 만났다. 이렇게 귀인인 척 행세하는 사람도 있어서 귀인을 만나기 전까지 사람을 많이 접해야 한다. 인생은 배워나가는 것이기에 그렇게 주변인을 관찰하며 사람을 관리하는 능력도 갖출 수 있게 되는 것이다.

　난 다른 친구들보다 좋은 기회와 마주하고 많은 귀인을 접하기도 하였다. 이전까지는 내 등에 칼을 꽂는 사람들의 특징을 잘 알지 못했다. 마냥 착하고 베풀면서 살자는 마음가짐을 가지고 있어서 모든 사람을 믿었다. 살면서 많은 사람을 만나면서도 악인과 귀인을 구별하는 눈을 가지지 못할 수 있다. 코로나로 아무런 일을 할 수 없는 어려운 상황에서 중요한 것은 사람이 좋은 일을 만들어낼 수 있다는 것이다. 난 수없이 많은 사람이 사업에 실패하는 모습과 성공한 모습을 관찰할 수 있었다. 또한, 공부하면서 좋은 교육자, 교수자와 멘토 귀인을 만나는 것도 중요하다는 것을 몸소 배워왔다.

　코로나로 인하여 내 지인도 학원을 개업했지만 사업을 접게 되었다. 난 사업을 하는 사람에게도 사업을 도와줄 수 있는 귀인이 필요하다는 것을 보았다. 수많은 실패한 사업자들을 오랫동안 관찰하며 알게 되었다. 그중에서도 후배 강사 한 명에게 우연히 일자리를 소개해준 적이 있었는데 아랫사람 혹은 좋은 후배를 올바르게 교육해서 양성하는 것도 중요하다고 생각했다. 내 친구의 직원이었기 때문에 많이 부족한 친구지만 잘 부탁한다는 마지막 말을 남겼다.

  업무에 본인의 개인적인 감정을 절대 가지지 마라! 난 그래도 이 친구를 믿고 도와주기 위해서 몇 번이나 여러 조언과 피드백을 주었다. 학교에 가면 학생들 앞에서 팔짱을 끼거나 다리를 꼬는 등 바람직하지 않은 자세를 취하지 말라고 조언했다. 게다가 학생들 앞에 앉아서 무엇을 먹는 자세는 정말 터무니없었다. 내가 그 후배에게 주의를 주면 알겠다고만 하고 태도는 그대로였다. 이 친구의 태도로 난 큰 사업건을 잃을 수밖에 없었는데 사과조차 하지 않았다. 무슨 조언을 한들 자신이 상처가 된다며 오히려 자신의 서운한 감정을 토로했다.

  감정적으로 그런 부분이 상처가 되고 서운함을 느끼는 것은 성인으로 프로답지 않다. 우리나라가 정이 있는 문화라지만 업무에 개인적인 감정을 싣는다는 건 해외에서 있을 수도 없는 일이다. 외국에서는 업무 중심 문화라서 개인적인 감정을 호소해도 먹히지 않는다. 해외에서는 업무에 있어서 실수가 있다면 바로 해고(lay off)를 당하게 된다. 개인적인 감정 호소는 바깥에서 상사나 동료와 친구 사이로 호소를 한다.

  난 해외에서의 경험이 많이 있어서 한국 정서에도 적응을 잘하는 편이다. 국내외 회사에 근무한 경험이 있기 때문이다. 철저히 비즈니스 관계인 상황에서 감정을 들먹거린다는 것은 매우 바람직하지 않다. 미국에서

내가 친했던 공항에서 일하던 재미교포 동생이 얘기해주던 일화가 생각
난다. 상사와 매우 친분이 있었지만 사원증 신청 절차에 따르지 않아서
관두게 되었던 것이다. 각국을 대표하는 이탈리아, 중동, 일본 항공사에
서 근무를 한 경험이 있기 때문에 이해가 더 되지 않았다. 대기업은 연봉
이 높은 편이라 원하는 월급과 대우를 받기 위해선 업무에 대한 책임감
이 크게 주어진다. 특히 해외에서는 계약서에 본인이 해야 하는 직무들
이 명확하게 쓰여 있다. 자신에게 주어진 업무에 대한 실수와 조언을 개
인의 감정과 엮어 서운해하면 안 된다.

후배 강사는 우리 집까지 찾아와 도움이 필요하다고 내게 하소연하였
다. 안타까운 마음에 여러 가지 일 제안을 해주었다. 코로나로 인하여 다
른 교육 업무를 이 친구가 할 수 없는 상황이었기 때문이다. 하지만 또
한 번의 실수로 사업에 피해를 준다면 이 친구를 포용할 수 없다고 생각
했다. 나도 어려운 상황에 있을 때마다 나를 도와주셨던 귀인을 생각하
며 도와주었다. 이렇게 나도 과거를 생각하며 이 후배에게 귀인이 되어
주고 싶었을 뿐이었다.

이 후배는 안타깝게도 뚜렷한 미래와 현재에 대한 목표가 없었다. 무
엇이라도 해보자고 격려하며 유튜브나 방송 일을 추천을 해주었다. 하지
만 방송을 시작하는 것부터 시작해서 시청자들 앞에서 언짢은 행동을 계
속했다. 처음이니까 물론 너무 당연하게 실수도 할 수 있고 서투를 수도

있다. 하지만 도를 지나치게 다른 사람과 통화를 하거나 썩소를 짓고 있는 모습은 최악이었다. 누군가가 방송에 후원금을 보내주어도 감사하다는 말을 하지 않았다. 방송 업무도 이 친구에게 맞지 않는다는 생각을 했다. 이 친구는 내게 사업적으로 성공한 모습이 너무 멋지다며 돕겠다고 약속을 했지만 되려 내 이미지까지 실추시켰다.

리더의 자리는 이해와 용서를 해야 하는 자비로움을 가져야 하는 아주 힘든 자리다. 하지만 사업에 대한 방해를 했을 경우 아무리 직원일지라도 용서되지 않는다. 이런 실수는 물론 용서를 해주었지만 이 친구는 뒷담화까지 하며 무고에 속하는 행동을 지속적으로 해나갔다. 본인에게 도움을 주었던 사람에게 오히려 등에 칼을 꽂고 어떻게 귀인을 만날 수 있을까?

난 그 친구를 함께 할 수 있는 귀인이라고 믿었지만 그 친구는 귀인 행세를 했던 것이었다. 난 그 친구의 잘못을 포용해주었지만 돌아온 것은 내 험담이었다. 이런 경험을 통해서 난 이미 받은 상처도 아물지 않은 채 계속 큰 상처를 받아왔다. 그래서 살면서 사람을 조심해야 한다는 것을 알았다. 아마 사람 관계의 폭이 좁은 사람은 사람들에게 상처를 많이 받았기 때문일지도 모른다. 하지만 난 상처를 받으면서도 폭넓은 인간관계를 맺어오고 또 상처를 받아왔다. 그래서 귀인도 만날 수 있었겠지만 사실 마음의 상처가 없는 것은 아니다.

이렇게 귀인 행세를 하며 상처주는 사람을 만날 수 있다. 살다 보면 너무나 많은 일을 겪게 되는데 내가 여기에서 배운 점은 딱 한 가지다. 사람은 절대로 변하지 않는다는 것에 대한 실망이었다. 그래서 상처를 받아 마음이 아팠어도 이 경험으로 내가 더 강해지는 동기가 되기도 했다.

귀인을 만나기 위해서는 더 큰 마음가짐을 가진 사람이 되어야 한다. 내게 욕하는 사람 혹은 악인이나 사기꾼들도 용서하는 넓은 아량을 가져야 한다. 지나간 일은 되돌릴 수가 없지만 용서를 한다면 다음 관계를 더 잘 구축할 수 있다. 싫은 것을 내색하지 않는 포커페이스를 유지하고 감정의 평정심을 유지해야 한다.

물론 나도 귀인을 만나왔음에도 인간이기 때문에 아직 부족한 점이 많이 있어서 많은 노력하고 있다. 아마 이런 악인과 엮이게 된 것도 내게 어떤 기회를 하늘에서 주기 위해 시련을 준 것이라고 생각했다. 내게 너무 큰 상처를 준 악인의 손을 놓고 난 또 다시 용서한다. 이러한 상황에서도 날 믿고 격려해주며 응원을 해주는 좋은 사람들, 귀인이 곁에 남아 있다.

6

나보다 어려도 귀인은
귀인이다

학식이 높아질수록 자리가 높을수록 어린 사람을 무시하는 경향이 강한 사람들이 있다. 난 그런 어른들 세대에게 나를 포함한 청년들을 존중해달라고 호소해오고 있다. 물론 옛 어른들의 말이 다 틀린 것이 아니란 걸 알아야 한다. 어느 날, 나보다 나이가 어린 사람이었지만 그 사람을 귀인이라고 생각해본 적이 있다. 우연히 동네 지역 활동을 하면서 알게 된 지인은 솔직히 말하면 참 멋진 모습이었다.

멋진 청년의 모습을 생각하면 그 친구가 가장 먼저 떠오른다. 청년들을 위한 활동을 주도적으로 하면서 봉사하고 헌신하는 모습이 참 멋졌다. 승무원이라는 직업은 세계의 견문을 넓히는 직업이고 아직도 인기 있는 서비스 직업이다. 승무원은 비행기라는 제한된 공간에서 일해서인지 생각보다 정책 문제엔 관심이 없게 되는 경우도 많다.

이 청년이 가장 멋지다고 생각을 했던 건 가만히 있어도 경험에서 묻어나오는 묵직한 자세였다. 어떤 사람과 대화를 할 때, 상대방에게 몸을 기울여서 경청하는 모습이 인상 깊었다. 어떤 논쟁이 있을 때, 자신의 감정을 차분하게 조절하는 모습이 멋졌다. 나보다 어려도 어린 모습의 행동이 아니었기 때문에 내게 깨달음을 주었다.

난 동네 지역 봉사활동과 청년 모임에 적극적으로 활동하게 되면서 그 친구와 더 친해졌다. 어느 날, 어떤 일 때문에 국회의사당에 방문한 적이 있었다. 우연하게도 그 청년의 지인들을 만나게 되었다. 그 일로 다시 그 청년과 인연이 되어 심도 있는 이야기를 하게 된 적이 있었다. 그 청년은 청년 정책에 관해 아주 열렬한 활동을 하고 있었다. 그래서 난 이렇게 적극적인 청년이 어떤 생각을 가지고 있는지에 대해 깊은 대화를 통해 듣고 싶었다.

사람들은 부동산 이슈에 사람들이 굉장히 민감해 있고 정책이 바뀌길 바라는 사람들이 많다. 나 또한, 몇십 번씩 바뀌는 답 없는 부동산 정책에 답답함을 느끼고 있었다. 강남에서 거주하며, 종부세로 인하여 강남

주민들의 깊은 한탄을 함께 들은 적도 있었다. 이 청년은 사연이 있어서인지 더 성숙한 모습으로 후배를 양성하는 모습이 좋아 보였다.

이 청년이 내게 귀인이라고 생각하는 이유는 내가 배울 점이 있었기 때문이었다. 기성세대가 어떤 스마트한 청년을 볼 때, 기성세대도 청년에게 배울 점이 있다고 생각할까? 난 그 멋진 청년이 중추적인 역할을 하고 있어서 문제에 대한 해답을 줄 거라 믿었다. 결론적으로는 좋은 해답과 정책에 관해 명확한 해결이 되진 않았다. 답답한 상황에 대해 모든 사람들과 청년들 그리고 윗사람들과 함께 깊은 대화를 나누면 해결이 되지 않았을까? 이 청년과 잠시 만난 인연이었지만 열정이라는 것과 배움을 후원받았기 때문에 귀인이라고 하고 싶다.

지금까지 나와 인연을 맺었던 제자들을 세어보니 거의 약 1,000 ~5,000명이 넘는 것 같다. 집합 교육과 대외 강의 초청이 많아서 최근에는 소그룹 교육을 안 하고 있지만 한때, 소그룹으로 일대일 특별 교육을 진행했던 적이 있었다. 그중에서 한 학생이 내게 귀인이 되었던 경험이 있었다. 가르침이란 항상 교훈을 주는 직업으로 참 날 성장하게 만들고 살게 해주는 원동력이다.

그 당시, 친구가 운영하던 사업이 어려워져서 학생들을 따로 소규모로 교육하게 되었다. 학생들과 소통하는 것이 처음에 너무 좋았고 교류하는 것도 참 좋았다. 그런데 한편으로 학생들이 매한가지로 내게 했던 충격적인 이야기는 내 친구에 대한 험담이었다.

'스승이란 존재가 언제부터 이렇게 험담의 대상이 되었을까?'

교육을 진행하는 경쟁업자들이 많아서일까? 참 안타까운 사실이다. 그런 이야기를 듣지 않도록 물론 가르치는 사람도 조심해야 한단 생각도 했다. 하지만 교육생들이 교육을 진행하는 사람의 깊은 마음을 알도록 노력해보는 것도 필요하다. 취업에 실패한 친구들이 스승의 험담을 하는 것은 당연한 일이 아니다. 본인이 부족해서 물론 하소연할 곳이 필요할 것이다. 그래서 난 학생의 스트레스를 풀어주기 위해 사적인 대화도 많이 하고 수업이 끝나면 함께 음식을 먹었다.

대학교에서 집합교육을 할 때, 친근감을 느끼는 학생들은 내게 불만을 하소연한다. 그래서 난 학생들도 내게 좋은 교육을 할 수 있도록 도와주는 귀인이라고 생각한다. 주입식 교육에서 참여식 교육으로 이제는 더 혁신적으로 우리 교육이 바뀌어야 한다고 생각한다. 공부만 잘하는 것이 살아가는 것에 다가 아니라는 것을 학부모들도 깨우쳐야 한다. 이탈리아에서는 모든 시험이 구술로 이루어진다고 한다. 이태리 항공사에서 이탈리아 동료들과 일하며 느낀 점은 정말 말을 잘한다는 것이었다. 남성이든 여성이든 성별 상관없이 이탈리아 사람들은 대화를 좋아하며 몇 시간이든 상대방과 수다를 떤다.

지금은 대학교에 있는 학생들과 비대면 카메라를 통해 교류하는 것이 익숙해져버렸다. 그래서 더 소통이 어렵다고 하는 교육자들도 많다. 지식을 전달하고 합격 방법의 핵심을 전하는 것도 중요하지만 소통이 매우 중요한 것 같다. 그래서 난 교육장에 있을 때만큼은 친구들이 자신의 의견을 조금이라도 이야기할 수 있도록 유도한다.

한 제자는 영어도 잘하고 해외 경험도 있었는데 안타깝게 면접에 계속 탈락하는 상황이 발생했다. 정말 기특한 학생이었는데 내가 다 속상하고 울분이 터졌었다. 그래서 추후 항공사가 아닌 직업에도 도움을 주고 지도를 해주었는데 친해져서 그랬는지 집안 사정이나 여러 가지 자신의 얘기를 잘 털어놓았었다. 밝은 이 친구가 울음을 터트렸던 적이 있었는데 생각하면 아직도 마음이 아프다.

나중에 알고 보니 어머니가 투병 중이시란 것을 알았다. 이렇게 소통이 없었다면 이 친구가 취업에 어떤 마음으로 임했는지를 알 수도, 더 나은 지도를 해줄 수도 없었을 것이다. 그래서 내게 자신의 이야기를 스스럼없이 공유해준 나의 옛 제자들은 교육을 하고 있는 내게 귀인으로 남아 있다.

청년지역사회활동 방송 출연

침묵의 교육은 이제 그만!

말이 없는 침묵 속에 있는 것 자체가 활기와 열정이 넘치는 친구들에겐 고통일 수도 있다. 나도 학생이었을 때 그랬던 경험이 있기에 누구보다 더 잘 알고 있다. 침묵이라는 것이 어떨 땐 좋은 방법이기도 하지만 교육에 있어선 절대로 침묵을 만드는 교육을 하면 안 된다고 생각한다. 침묵은 학생들에게 나라와 정책에 대한 불만을 토로할 수 없는 벙어리로 살아가게 한다. 어떤 억울한 경험을 하더라도 평생 침묵을 하며 살아가야 하기 때문이다.

귀인은 내가 어떤 상황이든지
항상 곁에서 나를 믿어주고 격려해주며 응원하며 남아 있다.

귀인을 만나기 위해선 많은 악인도 만나는 과정을
반드시 겪을 수밖에 없다.

귀인이 저절로
찾아오게 하는
6가지 방법

1

작은 친절과 겸손으로 좋은 인상을 심어라

　상위 클래스에 탑승했던 성공한 사람들은 대부분 공통적인 특징을 가지고 있었다. 아시아나 항공사, 이탈리아 항공사, 중동 항공사, 일본 항공사 각국 대표 항공사에서 느낀 점이 많다. 비행기 객실 승무원으로 근무하면서 상위 클래스에 탑승하는 성공한 사람들을 많이 접할 수 있었다. 상위 클래스가 이코노미 클래스와 다르다고 생각했던 부분이 유별나게 있었다. 유명한 것이지만, 상위 클래스에 탑승한 손님들은 절대로 기내에서 승무원에게 펜을 빌리지 않는다. 또한 비행기에 자주 탑승을 하셔서인지 기내식이나 서비스에 대해 불평하지 않는다. 불평보다 승무원이라는 직업의 고충을 헤아려주시고 격려해주시는 분들도 많았다.

물론 상위 클래스에 탑승하는 사람들이 항상 그런 환경에 있어서일지도 모른다. 서비스 법칙 중에서 웨이터 법칙이란 것이 있다. 비즈니스를 할 때, 상대가 웨이터에게 대하는 태도를 보면 그 사람의 인격을 볼 수 있다는 것이다. 웨이터에게 함부로 하는 사람과는 비즈니스를 하지 않아야 한다는 것이다. 난잡하고 시끄러운 습관의 성향 그리고 사람을 위에서 아래로 바라보는 나쁜 성향을 고쳐야 한다. 고치지 못한다면 30대 이후, 40대 그리고 50대 인생의 말년까지 힘들어질 가능성이 크다. 귀인과 좋은 기회를 만나고 싶다면 기회를 찾으려고만 하는 것이 아닌 자신을 바꾸라는 말이다.

그렇다고 내게 귀인으로 보이는 상위 클래스 사람에게만 잘 보이란 말이 아니다. 기내에서 유명인과 친구가 된 이야기를 유튜브 채널 〈뉴스톡톡소정TV〉에 업로드했다. 영상을 보지 못한 분들을 위해 여기에서 이야기를 풀고 싶다.

기내에서 이코노미 클래스에 탑승한 몬스터 음료 미국 사장님과 친구가 된 에피소드가 있었다. 일본 항공사에서 승무원으로 근무하면서 하네다-도쿄 노선에 갑자기 웬 미국 아저씨 손님이 탑승한 적이 있었다. 그날은 정말 '웬 미국인 손님이 탑승을 했지?'라고 의아해하고 있었다.

보통 일본 항공사에 탑승하시는 승객분들의 국적별 탑승 점유율의 90

퍼센트가 일본인 승객이다. 일본이라는 국가는 자국민 회사를 아주 각별하게 생각하고 사랑해서 일본인들이 타 항공사에 탑승하는 경우가 거의 없기 때문이다. 이렇게 그날은 갑작스레 미국인 손님이 탑승을 하셔서 좀 신이 났다. 왜냐하면 어렸을 때부터 영어를 구사하는 것을 좋아했기 때문이었다. 한국에 방문하시는 미국인 손님을 일본어가 아니라 영어로 모시게 되니 즐거웠다.

 그 미국인 손님은 사업 때문에 비즈니스 클래스에 급히 탑승하려고 했지만 탑승하지 못했다고 했다. 자리가 없어서 어쩔 수 없이 이코노미에 탑승을 했다고 말씀하셨다. 몇 분 뒤에 그 미국인 아저씨는 내게 친절히 응대해줘서 고맙다며 비즈니스카드를 건네주셨다. 그런데 웬걸, 이분은 미국의 유명한 기업인 몬스터 음료회사의 CEO셨다. 그 당시만 해도 한국에 몬스터 음료가 유통되지 않고 있어서, 나중에 알게 된 사실이지만 롯데그룹 신동빈 회장님과 계약하기 위해서 미팅을 하러 오셨던 것이었다. 난 미국에 거주한 경험이 있었던 난 몬스터라는 회사를 잘 알고 있었다. 그래서 깜짝 놀란 나는 바로 주섬주섬 이메일을 예의 삼아 전해드렸다. 이렇게 사소한 친절과 겸손함이 유명하신 분과 친구 인연이 될 수 있게 해주었다. 나중에 L.A.에 있는 행사에도 초청을 해주셨다.
 평소에 버스라 할지라도 아주머니나 아저씨든 누구에게나 겸손함을 잊지 않아야겠다고 생각했다. 이러한 겸손의 습관을 평소에 연습하고 갖춘 사람이라면 어디서든 빛나지 않을까 싶다.

승무원이 감정노동을 하는 직업이다 보니 동료들이 손님의 험담을 자연스럽게 하는 경우도 많다. 이코노미에 탑승을 하신 손님이 귀찮게 한다고 험담과 뒷담화를 하는 동료 승무원들도 꽤 많다. 하지만 난 승무원으로 근무를 하는 동안만큼은 내 손님에게 어떠한 상황에서든 최선을 다하자고 약속했다. 손님에게 즐거운 여행을 하실 수 있도록 도와드리자는 마음을 잊지 않았다. 내가 승무원을 그만두게 되어서도 나 자신에게 칭찬해줄 만큼 손님 응대를 잘했다고 생각한다. 이러한 마음가짐이 내 인생에서 귀인을 만나게 해준 기본적인 소양이었던 것 같다. 이후, 난 실질적인 손님 응대 교육이나 고객 서비스(Customer Service) 고객 만족 교육도 하게 되었다.

옛날 면접에서는 '존경하는 사람이 누군가요? 멘토가 누굽니까?'라고 하는 질문이 많았다. 최근 면접 질문은 지원자의 인성을 확인할 수 있는 질문과 가치관에 관한 질문을 물어본다. 존경하는 사람이 있어도 그 사람처럼 될 수 없고 그 사람이 밟은 자취를 똑같이 밟을 수도 없다. 그 사람의 인생을 송두리째 따라 행동할 수가 없다는 말이다.

그러면 대체 어떻게 내가 겸손한지 확인하고 성찰하고 반성할 수 있을까? 인생에서 아주 최악의 인간을 만나면 사람은 아주 제대로 성찰하게 된다.

술에 취해서 어제 일도 기억하지 못하는 사람이 약속을 계속 어겨 화났던 경험 같은 것이다. 내가 만났던 최악의 사람을 한번 떠올려보고 생각해보자. 나보다 최악의 행동을 하는 사람을 만나게 되면 사람은 이상하게 정신을 차리게 된다. '진짜 저렇게 행동하면 안 되겠다!'라는 생각이 번뜩 들게 된다는 것이다. 내가 만났던 최악의 사람들이 아주 많았는데 지금도 그 사람들도 내 인생에 큰 도움을 주었다. 정신을 차리게 해주었기 때문에 내 인생에 내 마음속의 감사한 귀인으로 남아 있다.

관찰-성찰-반성, 이 3가지 단계의 행동 습관을 연습하자. 이 책을 보는 사람들이 어떠한 위치에 있든 귀인을 그리고 어떤 새로운 기회를 만날 수 있다고 생각한다. 본인의 안 좋은 행동과 습관을 성찰하는 일이 경험하는 것보다 중요하다고 생각한다. 이 습관을 20대 시절에 연습한다면 분명 귀인과의 연을 맺게 해주는 주변인의 도움이 있게 될 것이다.

2

화난 사람도 당신 편으로
만들어라

　화난 사람을 내 편으로 만들 수 있을까? 이 질문을 한다면 당연히 가능하다고 자신 있게 답한다. 하지만 사람이 화나는 것보다 분노 폭발 직전에 반드시 해야 하는 행동과 팁(Tip)이 있다. 그 방법은 진심과 공감이다. 타인에게 감정표현을 제대로 하는 것이다.

　면접에서 지원자들이 자신의 성격 강점과 약점을 이야기하는 것에 대한 고심을 많이 한다. 가르치다 보면 사실 성인으로 갖추어야 할 역량을 주입식으로 알려주게 된다. 갖추어야 할 역량과 자질에 대한 것이 기본인데 대답을 못 하고 모르는 친구들이 생각보다 많다.

비대면 생활이 주를 이루고 개인 중점적인 생활이 이어지면서 대인 관계능력이 중요시된다. 제4차 산업혁명 시대에 미래 인재는 협력, 창의성, 소통 능력, 비판적 사고력을 갖추어야 한다고 한다. EBS 방송에서도 이 부분은 발표하였고 여러 논문에서도 발표가 되었다. 대인 관계 능력 안에 다른 사람과 협력하는 것과 소통 하는 것이 포함되어 있다. 예를 들면 칼퇴를 하고 싶다는 청년들이 많다. 그러나 업무는 뒷전이고 무조건 칼퇴를 하겠다는 것은 다른 사람들은 돌아보지 않는 사고방식이다. 내가 야근이 싫으면 상대방도 싫은 것인데, 내 생각만 하는 것이다. 그래서 조직에서는 협력이 가능한 인재를 선호하며 교육을 진행한다. 협동하는 것은 독창성이 요구되는 창의성이나 비판적 사고력보다 더 중요하다고 생각된다.

일본 항공사에서는 트레이너 교관이 "너희 한국인들은 왜 사과를 할 때 웃고 있니?"라는 말을 했던 기억이 난다. 누군가에게 실수했을 때 그 사람이 너그럽게 봐줄 거라고 생각하면 안 된다. 가만 생각해보면 일본인 트레이너가 했던 말이 정말 맞단 생각이 들 때가 많다. 한국인 중에서 친분이 쌓이면 이상하게 자신의 실수를 자각하지 못하고 웃고 넘기려는 경향이 있다. 그냥 넘어가려고 얼렁뚱땅 행동하는 사람들이 있다. 아마 이런 부류의 사람들은 자신이 책임져야 하는 업무의 무게를 가볍게 생각하고 있기 때문이다.

난 객실 승무원으로 한 번도 승객분들에게 와인을 쏟거나 실수를 한 적이 없었다. 컴플레인을 받은 경험도 없었다는 것은 내가 가진 최고의 자부심이다. 그런데 어느 날, 버릴 곳이 없어 조금 남은 음료를 들고 지하철을 타게 된 적이 있었다. 기내에서도 어디서도 손님에게 음료를 쏟아본 적 없던 나였다. 그런데 갑자기 급정거로 옆에 계신 아주머니에게 음료를 쏟게 되었다. 청바지를 입으신 아주머니의 바지에는 초록색의 녹차라떼가 물들어 있었다. 나도 경악을 했고 아주머니의 표정은 분노 폭발 일보 직전이었다.

경영학에서 고객 접점의 순간, M.O.T.를 말하듯 아주머니의 화날 순간을 가라앉히도록 했다. 상대방의 분노를 가라앉힐 수 있는 화법과 행동을 해야 한다. 그래서 그 M.O.T.(Moment Of Truth)의 그 접점 순간이 너무 중요하다. 이미 분노 폭발한 사람의 흥분을 가라앉히는 방법도 있지만 그렇게까지 상대방을 분노하게 할 필요가 없다.

어떤 사람이 당신에게 화나게 할 때, 왜 그 사람이 화가 났는지부터 생각을 신속하게 해보자! 녹차라떼가 바지에 더 스며들기 전에 바로 가방에 있는 휴지를 재빠르게 건네드렸다. 진심이 담긴 표정과 사과의 화법과 함께 빠르게 물티슈도 전해드렸다. 이것만 전해드린다고 바지에 음료가 물든 아주머니께서 분노가 가라앉지 않을 것이다. 이후 이 아주머니는 세탁해야 하고 모르는 사람인 내가 자신의 바지를 이렇게 만든 것에 열 받을 것이다. 화나신 아주머니는 내게 이렇게 말했다. "아가씨는 왜 음료를 지하철에 갖고 다녀서 사람 바지에 음료를 쏟고 그래? 어휴….”
그래서 난 진심을 담아 사죄의 말씀을 드렸다. “정말 너무 죄송합니다.
버릴 곳이 하필 없어서 그만. 이렇게 급정거로 이렇게 될 줄 몰랐습니
다.” 상세한 대화로 상대방이 이해할 수 있도록 말씀을 드린 것이다. 그
리고 짜증이 나실 아주머니 대신 청바지를 정성껏 옆에서 열심히 닦아드
렸다. 진심이 담긴 사과와 행동이 느껴지셨는지 내게 “괜찮아요. 앞으로
조심해요. 괜찮아.”라고 하셨다.

본의 아니게 그런 일을 겪은 나도 짜증이 났지만 웃으며 내리시는 아
주머니의 모습에 안도했다. 나 또한 내 진심이 전해진 것에 대해 뿌듯했
고 마음을 알아주셔서 너무 감사드렸다. 이렇게 진심 어린 사과는 누구
에게나 통한다는 것을 명심하자. 자신이 저지른 어떤 일에 대한 실수를
제대로 사과하지 않고 그냥 퉁치려고 하면 화를 부른다. 이렇게 작은 실
수라도 책임을 지는 자세가 큰 사람이 되기 위한 발걸음이라 생각한다.

한 가지 알아야 하는 것은 타인의 실수로 분노 게이지업 되신 분들은
실수를 저지른 당사자가 아닌 이상 화를 가라앉게 해드리기 어렵단 것이
다. 베트남 비행에서 동료의 실수로 인하여 영국 아주머니 승객이 분노
에 찬 상황이 벌어진 적이 있었다. 부사무장은 내게 대신 가서 응대를 해
달라고 간곡하게 부탁을 했다. 너희 한국인 승무원이 실수를 했는데 손

님이 너무 화가 나서 컨트롤을 할 수 **없다**는 것이었다. 동료 승무원은 자신은 사과를 했고, 뭘 더 이상 할 수 없다는 **태도**를 취하고 있었다.

내 실수로 상대방이 화가 났는데 **상대방이** 날 기분 나쁘게 한다고 도리어 감정적으로 상황에 흔들리면 안 **된다**. 상대방에 감정에 내 감정이 흔들림 없는 줏대를 가지고 있어야 한다는 것이 너무 중요하다. 사람이기 때문에 상대방이 날 약 올리고 기분 **나쁘게** 하면 누구든 억울하고 화가 나게 되어 있다. 그래서 사업을 하는 사람들이 가끔 너무 직원들의 실수나 행동으로 화가 나서 절에 가는 모습을 **많이** 보았다. 10년 이상 사업을 이끌어온 여성 대표님이 한 번은 내게 자신도 절에 가서 가끔 마음을 다스린다고 했다.

자신의 마음을 다스리지 못한다면 리더로서 어떻게 다른 사람들의 마음을 다스릴 수 있을까? 비록 지금 위치가 신입으로 말단 사원으로 있겠지만 언젠가 분명 어느 위치에 올라갈 것이다. 윗자리에서 나의 후배들을 지도해야 하는 상황이 올 것이다. 공공기관에서 불평 민원인들이 더 많아서 어르신들이나 사람을 응대에 미숙한 분들이 많다. 대응을 못 해서 팀장급의 윗분들이 사과하는 모습을 많이 보기도 했다. 자신이 응대를 못 한다고 타인에게 부탁하는 자세도 자신의 실수를 책임지지 못하는 모습으로 비추어질 수 있다.

3

가식이 아니라 진심으로
다가가라

일본 항공사에서 중동 아랍에미레이트의 에띠하드항공사로 이직을 하게 되었다. 중동에서 나는 충격을 크게 받았던 사건이 있었다. 중동 항공사는 다국적 외국인 승무원을 채용하기 때문에 영국, 미국, 아프리카, 아시아 등등의 다양한 국적의 승무원들이 있다.

어느 날, 영국 동료 승무원이 나보고 "넌 왜 가식으로 웃어?"라는 말을 한 것이었다. 일본 항공사에서 그렇게 교육을 받았는데…. 친절하게 손님들에게 응대해야 하는 평가 리스트 중에서 미소가 있어서 웃어도 더 웃으라는 충고를 받아서 억지로 웃는 것이 습관이 된 것이었다. 내가 중동 항공사로 이직하지 않았다면 친절함과 가식 사이의 진정한 의미와 차이를 평생 알 수 없었을 것이다. 이렇게 난 타 국적의 사람들의 마인드와 서비스 의식이 우리나라와 굉장히 다르다는 것을 알 수 있었다.

다양한 경험을 하다 보니 친절이 가식인지 진심인지를 구별할 수 있는 능력을 갖추게 되었다. 친절한 사람이 있다면 가식과 진심, 두 가지의 친절이 있다. 할리우드 뺨치게 가식 무장 인간 VS 솔직하게 말하는 까칠한 인간이 존재한다.

왜 중간은 없을까? 진심 있는 솔직 담백한 건 없을까? 물론 사람 관계에서 가장 중요한 것은 매너와 예를 갖추는 것이다. "Manner makes man." 매너가 사람을 만든다고 하지만 연기는 다 티가 난다는 것을 잊지 말자!

어느 순간 주변에 다니던 회사를 퇴직하고 사업을 시작하게 된 사람들이 많았다. 7년이라는 시간 동안 지켜본 결과, 회사 운영에 실패하고 회사를 접게 된 상황을 많이 보았다. 성공과 실패를 내 눈으로 직접 바라보게 된 것도 참 큰 충격이었다.
사업이 망해가는 상황 안에서 끝까지 버티면서 난 아주 많은 것들을 배울 수 있었다. 실패하는 사람들의 공통점은 가식적이었던 그 사업가의 모습이 할리우드 연기 뺨치는 가식이었다는 것이다. 고개를 숙일지 모르는 모습과 도움을 받고 뻔뻔스럽게 배신하는 사람들이었다.

아주 다양한 사람들을 다.만.추. 하다 보면 정말 많은 다양한 유형의 사람들을 접할 수 있다. 세상에는 귀인 같이 좋은 사람만 있다고 믿고 생각하고 싶겠지만 현실은 그렇지 않다는 것이다. 사기꾼부터 시작해서 뒤통수를 후리는 사람, 배신하는 사람, 거짓말하는 사람, 뒷담화 하는 사람도 있다. 가식적인 사람, 오버액션 아부 떠는 사람 등등을 만났다면 인생 경험 꽤 했다 할 수 있다. 특히 가식적인 행동을 하는 사람은 제일 조심해야 할 인물 중에 하나로 관계가 오래가지 못한다.

예의와 매너를 갖추는 것과 가식을 떠는 것은 아주 확연한 차이가 있다. 오랫동안 귀인인 사람들과 관계를 유지하기 위해 성공하기 위해 반드시 구별할 줄 알아야 한다. 가식적인 행동을 취하는 사람과 갑자기 친근하게 다가오는 사람에게 뒤통수 맞는 경험도 중요한 것이다. 코로나로 인하여 모든 기업의 공채가 없어지고 이 지인의 사업도 사정이 굉장히 어려워 보였다.

하지만 운이 좋게 어떤 사업 건을 맡게 되어 어떤 분에게 일자리를 제공해드리게 되었다. 그때 분명 그 지인은 내가 어려울 때 도움을 주겠다며 내 손을 붙잡고 약속했다. 내게 무엇을 바라지도 않았지만 역시나 뒤통수를 후리며 자신의 이익만 갖추기 위해 급급했다. 난 리더는 베풀며 작은 일부터 함께하면 좋은 일과 더 큰 일을 할 수 있다고 믿었다.

하지만 이런 경험으로 사람의 감사의 표현이나 말도 가식일 수도 있단 것을 알 수가 있었다. 사업이라는 것은 사람들에게 베풀 수 있는 능력을 갖춘 사람이 리더가 되어야 한다는 것을 알았다. 큰 사업과 조직을 이끌어나가기엔 굉장히 부족한 자질을 가진 사람을 만났다. 자그마한 약속도 신뢰의 문제인데 전혀 내게 약속을 지키는 모습이 보이지 않았다. 자신의 이득과 코앞의 이익을 바라보는 모습에 미래가 훤히 보였다. 남에게 도움받고 나 몰라라 하는 사람이라면 그 사람의 가식 속에서 그만 놀아나야 한다고 생각했다. 역시나 그 후, 그 지인은 사업에 실패하였고 성과를 이끌지 못했다.

가식과 매너의 차이는 A4용지 종이 한 장 차이라고 생각한다. 본인에게 초라해보이는 누군가에게 식사 대접을 받았다면 반드시 식사를 다시 대접해야한다. 혹시 내가 술을 너무 싫어해서 술을 좋아하는 상대방과 식사가 불편하더라도 어느 정도 어울린다. 이렇게 서로 보답의 행동을 하는 것은 기본적인 매너에 속한다. 어떤 선물을 받았다면 잊지 않고 있다가 추후 명절 인사를 드리며 선물을 드리는 것도 매너에 속한다. 도움을 받고 감사한 표현을 간 쓸개 다 빼줄 것 같이 하는 오버액팅은 가식 행동에 속한다. 이러한 능력을 사업 수완이라고 하며 대인 관계 능력이 좋다고 말하는 것이다.

난 프리랜서도 어떠한 일에 프로의식을 갖추고 해야 하는 리더의 자리라고 생각한다. 일본에서는 15년 전부터 후리타라는 직업으로 전문적인 능력을 갖춘 사람이 하는 일이라고 한다. 자신의 일을 프로답게 해내는 직업을 프리랜서라고 칭한다.

어느 분야든 일의 목표와 성과를 달성하기 위해 추진력 있는 모습과 함께 앞서 말한 대인 관계 능력이 필요하다. 물론 업무에 있어서 리더십과 적극적인 경청 능력을 겸비해야 이상적인 모습의 리더가 될 수 있다.

이제는 모든 조직이 성과 중심으로 대변환이 필요한 시기로 진퇴양난의 상황이 온 게 아닌가 싶다. 어떠한 사람 관계에서 이루어진 작은 약속을 책임지는 것은 신뢰의 문제이다. 자신의 모든 일에 대한 책임이 뒤따르고 포함되기 때문이다.

MZ세대의 사업가 마인드

잡코리아에서 설문조사를 한 결과 우리나라 MZ세대 청년들은 워라밸을 외치고 있다고 했다. 모든 청년들이 제대로 된 사업가의 마인드를 갖추지 않는다면 어떤 사회 현상이 벌어질까? 사업은 서로 기브 앤 테이크를 잘해야 하고 기본적으로 신뢰와 믿음을 줄 수 있어야 한다. 최근 몇 년 사이에 정규직보다 프리랜서로 자신의 일을 사업으로 삼아 일을 해내는 MZ세대가 많다.

레알 마드리드 축구 주장과 함께

4

의리 있는 행동이 사람을 끌어당긴다

    귀인을 만나고 싶으면, 좋은 사람을 만나고 싶으면 지금부터 한번 의리 있는 행동을 해보라! 도움받은 만큼 나도 그만큼의 봉사로나 보답을 하지 않으면 악재가 온단 걸 알자. 그냥 도움만 받은 사람들은 지병을 얻어서 병원비로 날리는 경우를 보았다. 그리고 어떤 악재에 휘말리게 되는 경우들을 많이 관찰해왔다. 그래서 우리는 '의리'라는 글자의 큰 의미와 '보답'이라는 글자를 기억하고 있어야 한다.

    의리의 의미를 망치는 게 질투하는 마음이라고 생각한다. 남자든 여자든 질투라는 것은 사람 관계를 망치고 앞길을 가로막기도 한다. 살인까지 일으키는 무서운 심리인 것 같다. 난 잘 살고 있던 사람들 중에서 인생이 갑자기 중장년에 안 좋게 되는 경우를 많이 볼 수 있었다. 의리가 있으신 어르신들 중에서 〈영웅본색〉이라는 옛 영화를 좋아하는 분이 많다는 공통점이 있음을 알 수 있었다.

의리가 있는 분들이 계시기에 이 암흑 같이 어려움을 겪는 삶에 있는 사람들이 빛을 볼 수 있단 걸 알았다. 청년 중에서 의리나 신의를 모르는 사람들이 많은 세상이 되면 앞으로 세상은 어떻게 되는 걸까? 어느 날, 난 갑자기 그런 세상에서 어떻게 살아갈 수 있을까란 심각한 걱정과 슬픔이 앞섰다.

어떤 사람은 열심히 잘 살고 있는 것이 꼴 보기 싫어서 질투를 한다. 이로 인해 그 사람을 헐뜯고 뒤에서 뒷담화와 험담을 해서 앞길을 가로막는다. 이상하게도 우리나라 사람들은 칭찬에 굉장히 인색한 편이라는 것을 알았다.

누군가에게 절대로 칭찬을 그냥 하지 않는다. 아니면 잘 보이기 위해서 칭찬하거나 친해지기 위해 칭찬이라는 것으로 유혹한다고 생각한다. 사실 그 이유 중에서 잘된 사람 중에서 베풀지 않거나 감사의 표현을 놓쳐서라고도 생각된다.

제27대 문화연예대상이라는 큰 빛이 나는 무대에 MC로 서게 되고 상을 받은 경험이 있다. 이후, 어떤 아나운서 출신이 "어떻게 그 자리에 갔느냐?"며 살며시 내게 물어본 적이 있었다. 사실 이 질문 하나에 인간의 질투라는 심리가 담겨져 있다는 것을 느끼기도 했다. 심리적 마음이 이해가 되었기 때문에 좋은 마음으로 강의 자리도 함께하고 공유하며 베풀었다.

제27대 문화연예대상 MC상을 수상 받는 모습

어떤 경험을 했다고 해서 인생이 180도로 바뀌는 것도 아니다. 그 위치에 가게 된다고 일확천금을 버는 것도 아니다. 아무 잘못이 없어도 타인의 질투 때문에 상처를 받을 수도 있다. 그래도 그런 사람들의 마음을 헤아리고 베풀어야 한다.

누군가 칭찬을 하면 자만에 빠지는 자아도취적인 행동을 수도 없이 유심히 관찰해왔고 보았다. '그만큼 칭찬을 받은 일이 없구나.' 하며 그러려니 하고 엄마 같은 마음으로 흐뭇하게 바라볼 때도 있었다. 그러나 앞으로 칭찬을 함부로 하면 안 되겠다고 생각하게 된 경우가 있었다. 한번 칭찬을 하고 나중에 잘못된 것을 꼬집었을 때, 기분 나빠하는 학생이나 사람이 있었다. 기분이 나쁠 이유가 전혀 없다. 소통을 유도하면 될 것이다. 그런데도 그런 상황이 오는 건 본인이 스승으로 모시는 사람에 대한 신의가 아예 없었기 때문이 아닐까?

'사람 관계에 있어서 아무런 대가 없이 도와주는 것이 있을까?'라는 생각을 했던 날들이 참 많다. 모든 사람과의 관계는 서로 도움을 주고받는 비즈니스 관계라는 것을 기본 전제로 살아왔다. 내가 귀인에게 도움을 받는 상황도 있을 수도 있지만 보답을 할 수 있어야 한다. 무작정 귀인에게 도움만 일방적으로 받는 관계는 진정한 귀인을 만났다고 절대로 할 수 없다.

항상 잊지 않고 난 내게 도움을 조금이라도 주신 귀인이라고 여기는 분들께 작게나마 보답을 반드시 드리자는 마음과 신의를 가진다. 본인

생각만 하는 개인주의적 사회 속에서 사람을 돕는다는 것은 일반인들에게 더욱 어려운 일일 수도 있다.

심리학에서 보면 인간은 모두 보상 심리가 있기에 댓가가 없는 도움은 없다고도 보고했다. 그래도 이 세상이 아직 살 만하단 이유가 베푸는 사람들 덕분이 아닐까 싶다.

운 없는 사람과 운 좋은 사람들의 특징을 정리해보았다. 나는 과연 어떤 성향에 해당이 되는지 내 자신을 성찰해보도록 하자.

귀인을 부르는 운 좋은 사람들의 특징

1. 상대방에게 말보다 경청하는 성향이 강하다.
2. 타인에게 도움을 주려고 노력하는 성향이 강하다.
3. 사람을 직업이나 학력으로 판단하지 않고 내면을 보려는 성향이 강하다.
4. 안부 메시지를 잊지 않고 항상 겸손한 자세를 잊지 않는다.
5. 업무에 있어서 개인적인 감정에 휘둘리지 않고 평정심을 유지한다.

귀인을 쫓아내는 운 없는 사람들의 특징

1. 표정 관리가 되지 않는다.
2. 도움받고 먹튀해본 경험이 있다.
3. 사람을 겉치레 모습으로 판단한다. (직업, 학력으로 판단하는 성향)
4. 안부 인사 따윈 필요 없다고 생각한다.
5. '난 나야!' 조언, 쓴소리 따윈 잔소리라고 생각한다.

어떤 사람과 어울리느냐에 따라서

20대에 있는 지인과 30대와 40대에 곁에 있는 지인이 다를 수 있다는 것을 알았다. 난 내가 얼마나 많은 다양한 사람들과 어울리느냐에 의해서 내 인생이 좌지우지될 수도 있다고 생각한다. 나만의 이익을 보기 위해서만 좋은 사람들과 어울리라는 말이 아니다.

5

귀인의 귀인이 되도록
노력하라

귀인이라고 해서 100퍼센트 완벽하고, 당신을 도와만 준다고 생각을 하면 안 된다. 인간은 모두 다 부족하고 누군가의 도움이 필요한 존재란 것을 알아야 한다. 귀인이라는 말이 어디선가 황당하게 귀인을 모신다며 어이없게 쓰이는 경우도 있었다. 다시 말하자면 분명 사람은 귀인이라도 실수를 하기도 하고 미숙한 점이 있다.

어떤 귀인은 내게 큰 도움을 주셨지만 그 귀인의 상황이 어렵게 되었다는 이야기를 접한 적이 있었다. 날 도와줬던 분이 어렵다는 상황을 알게 되고 너무 마음이 아팠다. 바로 난 내 상황에서 할 수 있는 일을 최대한 영끌해서 도와드리려고 노력했다. 물론 귀인이라는 분들도 나이가 들어가며 건강이 악화되시기도 하고 여러 가지 어려움을 겪는 것을 보았다. 그렇기 때문에 어른세대가 청년세대를 올바르게 성장시키고 키워주시려고 하는 경우도 보았다. 급작스럽게 어려움에 처하게 되는 변이 바이러스 같은 상황이 생기기 때문이다.

살아가면서 생각보다 사기꾼들에게 돈을 뜯기거나 사기를 당하는 사람들도 흔하게 보았다. 재력이 있는 좋은 마음을 가지신 귀인분들은 사실 베푸시려고 하는 경우가 많았다. 세상에는 사기꾼들이 너무 많아서 한두 번 당해본 게 아니라고 말했다. 감사하게도 도움받은 분들께 보답을 드리고자 했던 일에서 오히려 배움을 얻은 에피소드가 있다.

어떤 프로 사기꾼이 주변인들의 금품을 뜯어내려고 작당하고 있던 것을 파악해서 정보를 드리게 된 것이었다. 사기 행동이라고 확신하기 전까진 믿지 않으셨지만 추후 주변인까지 피해를 보게 된 상황까지 생겼다. 난 도움을 크게 드렸다고 생각했지만 오히려 귀인은 괜찮다며 오죽하면 사기를 치고 살겠느냐며 오히려 덤덤해하셨다.

내가 앞으로도 실천하기 어렵다고 생각한 부분이 있다. 누군가 내게 너무 큰 실수를 해도 용서할 줄 알아야 한다는 것이다. 사실 내게 큰 실수를 한 사람들을 모두 다 포용하지 못했고 의사표현을 정확하게 표현해왔다. 덤덤함이라는 평정심을 갖기엔 아직 우린 경험치가 부족하다.

청와대 경호처 수행을 한 경험과 승무원을 했던 경험 덕분인지 난 눈썰미가 좋다. 어떤 사람들과 교류하며 항상 냉철한 눈으로 분위기를 파악하는 습관이 있다. 내가 드릴 수 있었던 것은 감사하게도 사기꾼을 분별할 수 있는 능력이 있다. 그리고 상황 판단력과 매서운 눈을 가지고 있고 도움을 드렸다고 자만했었다.

여기서 내가 배운 점은 누구나 실수를 한다는 것, 알고도 모르는 척 넘길 수 있어야 한다는 것이다. 사기를 당했다고 분노를 표출하거나 앙갚음을 한다는 마음을 가지면 더 안 좋은 일에 휘말릴 수 있단 걸 배웠다. 모두 2퍼센트 부족하고, 100퍼센트 만족하는 삶을 살 수 없다는 것을 알았다.

전교 1등을 하고 SKY 대학을 나왔다고 해서 인생이 모두 성공한다는 보장이 없다. 완벽하게 살아온 것만 같은 성공한 사람도 오히려 더 크게 실패하기도 한다. 완벽한 인생을 사는 사람들이 결정적으로 무너지는 이유는 실패를 해본 경험이 없기 때문이었다. 공부를 너무 잘한 사람이 실패했을 때 재기를 하지 못하는 경우, 성취의 맛을 일찍 맛보고 실패를 해본 적이 없기 때문이란 걸 알았다. 성공만 해본 삶을 사는 사람들은 실패에서 성공으로 가는 방법을 모른다는 게 다반수였다.

실패를 계속 맛본 사람들은 성공이라는 어려움을 잘 알기 때문에 그 성공의 가치의 무게를 알고 있다. 안 좋은 경험을 겪고도 재기하여 다시 여유를 되찾은 분을 본 적이 있다. 재기에 성공한 분은 자신에게 사기를 치거나 뒤통수를 후린 사람들을 나쁘게만 생각하지 않았다. 하지만 그 사람과의 인연을 끊고 새로운 인연을 맺어나간다.

어떤 일을 완벽하게 잘해야만 한다는 것도 답이 아니다. 모든 사람들과 완벽하게 잘 지내는 것도 답이 아니란 것을 알았다. 2퍼센트 부족한 모습이 사람답고 누군가에게 내가 귀감을 준다. 그래서 누군가에게 영향을 주는 사람으로 남을 수 있고 실패에서 살아남을 수 있단 것을 알았다.

어느 귀인이 신기하게도 내가 어려운 상황에 있을 때, 간접적인 메시지를 준적이 있었다. 친분도 없는데 인생 방향성을 잡아주시며 내가 정신을 차릴 수 있도록 도와주었던 분이 있었다. 인간은 자신의 이익만 생각하는 것 같다는 것이었다. 솔직한 진솔한 모습을 보이며 가식적인 모습을 보이는 것은 의미가 없지 않을까 생각한다는 메시지였다. 그 이후로 한 번쯤은 어려웠지만 내 속마음과 어려움을 조금은 카메라 앞에서 털어놓을 수 있었다. 사실 정말로 어려움을 가진 사람은 그것을 감추려고 하는 경향이 강하다. 타인에게 그 이야기를 함부로 내뱉는 것조차 상처이기 때문이다.

6

지나친 욕심을
컨트롤하라

인간의 욕심은 참 끝없다. 내 방송의 시청자 중 한 분이 내게 인간은 스스로의 이익을 위해 사는 존재인 것 같다고 했다. 이렇게 타자를 멈추게 해준 메시지는 사실 오랜만이었기에 뭐라고 답을 해야 할지 몰랐다. 앞 챕터에서 인간은 성선설과 성악설 중에서 아마 성악설에 가깝다고 생각하는 것이 편하다고 이야기했다.

그렇다면 나는 인간의 나쁨과 악함을 어디까지 인내해야 할까? 약속을 지키지 않는 사람, 선 넘는 사람, 무례한 사람, 자기 이득만 생각하는 사람들을 용서만 해왔다. 앞으로도 이런 사람이 주변에 있다면 언제까지 용서해줘야 하는 걸까?

내가 어떤 지인과 인간관계를 맺을 땐 항상 상대의 말을 경청하고 가치관에 대해 공유한다. 물론 지금까지 가치관이 딱 100퍼센트 맞아 떨어진 사람들은 아무도 없었다. 사람에 따라 살아온 배경이 다르고 가치관의 차이가 있기 때문이다. 그래서 난 어떤 프로젝트나 활동을 같이해야 할 수밖에 없을 때, 내 자신을 거의 80퍼센트 정도 내려놓는다. 물론 내 의견을 주장을 펼쳐야 할 때, 나와 의견이 다른 사람과 부딪히는 경우도 있었다.

난 운명이 어느 정도 있다고 믿어온 사람 중에 하나이다. 그래서 사람들이 어떤 중대한 결정을 못 내릴 때, 어려움을 겪으면 사주 도사님들을 찾아가는 걸까?

어떠한 일을 반드시 해야 한다는 성향이 강한 사람들이 주변에 꽤 많다. 극도의 스트레스를 받은 상황을 보고 난 그냥 좀 내려놓으란 말을 해도 상대는 절대 듣지 않았다. 난 그 지인이 사주 보는 분들, 신내림을 받은 사람, 타로 등등에 자주 찾아가는 모습을 보았다. 이렇게 안절부절 사주쟁이를 찾아가는 사람들의 심리는 너무 힘들기 때문이다. 내가 어떻게 해야 하는지가 아니라 내가 어떻게 되는지가 궁금하기 때문이다.

승무원 준비를 할 시기에도 면접에 떨어지면 항상 사주를 보러 가는 언니들이 많이 있었다. 재미 삼아 나도 따라다녔고 상담을 할 사람이 없을 때, 가끔 나도 재미삼아서 갔다. 이렇게 이런 쪽에 방문하는 것은 내 주변에 사람들이 점점 말이 없어지기 때문인 것 같다. 그리고 의지할 사람이 없어서이기도 하다. 통계학적이라고 하는 사주는 사실 뭐라고 할 순 없다. 어떤 일에 대해 그 일이 자신의 운명에 따라 될 수도 안 될 수도 있다고 생각한다.

우린 왜 욕심을 컨트롤 하지 못하고 내려놓지 못하는 것일까? 누군가는 자신을 있어 보이게 하려고 자꾸 지키지 못할 약속들을 늘어놓는다. 이상하게도 난 그런 행동에 상처를 받는다. 내게 피해를 주는 것도 아닌데 상대의 아픔과 힘듦이 느껴지기 때문이다. 어떤 지인이 어떤 목표를 자꾸 이루지 못해서 자신 이야기는 숨기고 타인 이야기만 하는 것을 봤다. 타인 자랑을 심하게 하는 행동은 자존감이 낮아졌을 때 나오는 인간의 행동이다. 자신이 이루지 못한 꿈을 지인을 통하여 그 속마음을 풀어내는 것이다. 그러한 부류의 사람들은 본인이 어떤 것에 대한 기준이 높다. 또한 자신의 인생에서 욕심도 굉장히 과하다는 것을 알 수가 있다.

특히, 지금과 같은 상황에 취업을 하는 것에 대한 고충과 고심을 하고 있는 청년들이 많이 있다. 난 대학생들과 멘토링을 해오며 청년들이 말하는 안정적인 직장이라는 의미가 무엇일까? 수없이 많은 생각을 했다. 왜 청년들이 꿈보다 안정을 꿈꿀까? 세상엔 안정적인 직업이 있을까? 공무원이나 공기업이 안정적인 직업이라고 생각하는 친구들이 대다수였다. 청년들이 말하는 안정적인 직장은 사실 청년들이 말하는 남 얘기를 듣지 않는 꼰대 라떼들이 다니는 곳 아닌가? 결국 세상의 변화를 줄 수 없는 변하지 않는 조직 속에서 어떤 세상을 바꿀 수 있을까? 꼰대로 남고 싶다는 말인가?

이 세상에서 안정적인 직업은 1퍼센트도 존재하지 않는다. 이런 현상이 일어나는 이유는 IMF 시기에 어려움을 겪은 부모님의 자제들이 현재 대학생이기 때문이다. 지금 청년세대인 MZ세대가 어린 시절에 IMF를 모두 겪었다. 철학을 본다면 모든 인간은 최후에 죽음을 피할 수 없다고 했다. 이 현생에서 현재 내가 하고 싶은 것을 즐길 정도로 열심히 하는 사람을 이길 수 없다고 생각한다. 물론 청년들이 안정을 꿈꾸는 이유는 명확하다고 본다. 평범한 가정조차 꾸리기 어려운 현실에서 맞닥뜨린 부동산 문제와 정책들일 것이다. 안정을 취해야 하는 집을 가지지 못하고 출발해야 하는 인생이 불안정하고 미래가 보이지 않는다. 청년들은 결혼도 꿈을 꾸기보다 자신을 위해 포기하는 경우가 많다.

공무원 혹은 공기업에 다니신 많은 분들 중에서 정년퇴임하신 분들을 많이 접해왔다. 그 후, 자신의 제3의 인생을 또 고민하시는 모습을 많이 보았다. 청년들과 이야기하다 보면 이 사회가 왜 이렇게 문제가 되고 있는지를 모르는 경우도 많다. 586세대라고 하는 꼰대, 꼰대 라떼를 많이 접해왔고 같은 프로젝트에 참여한 적이 있다. 586세대는 약 1955년 ~1963년에 태어난 민주화항쟁을 겪은 세대를 일컫는다. 386세대라고도 하는 586세대의 어른들은 청년들에게 자리를 주지 않는다. 오히려 끝까지의 희생보다 자신이 어떤 자리를 보상받고 싶어 하는 경우를 많이 보았다.

난 어떤 어르신이 자신의 공명심을 내세워 청년들을 꾸짖고 미워하고 경계하는 모습을 보았다. 내가 꼰대 라떼가 나쁜 것만은 아니라고 했지만 불통으로 말이 통하지 않는 꼰대 라떼도 있다. 그 욕심 컨트롤이 안 되는 모습을 보며 우리 사회의 문제는, 그런 부류의 꼰대 라떼이기도 하다. 어른들의 욕심으로 청년을 양성하지 못한다면 정말 우리나라의 앞길이 암담하다고 생각했다.

귀인과 좋은 기회를 만나고 싶다면
기회를 찾으려고만 하는 것이 아니라 자신을 바꿔야 한다.

귀인을 만난다는 것은
나 자신을 믿어본 경험이 있어야 가능한 게임이다.

귀인을 만나려면
자기 자신을
재개발하라

1

나만의 이미지는?
퍼스널 브랜딩하라

내가 다녔던 다양한 항공사 중에서 중동 국영 항공사인 만수르 항공사가 인상깊게 남는다. 에띠하드항공사는 퍼스트클래스(First Class)에 아파트먼트라는 상품을 내놓았다. 파리까지 가는 항공편이 천만 원 특가가 없던 첫 개시 당시 런던까지가 5천만 원에 나왔었다. 비행기에 탑승하기 전부터 집 앞으로 따로 지배인(butler)이 비행기 기내까지 승객을 모신다. 5천만 원을 지불하고 탑승하시는 분들을 모시기 위해선 특별 서비스가 필요하다. 내 자신이 내 이름 석 자를 걸고 어떤 서비스를 제공할 수 있겠는가? 지배인들은 영국에서 따로 아주 엄격하고 정중한 서비스 특별 훈련을 받는다. '해외에서는 캐쥬얼하고 자유롭지 않아?'라고들 생각하겠지만 모든 큰일에는 겸손함이 기본적으로 전제되어 있다.

내가 그만큼 가치 있는 사람이 되기 위해서는 내 자신의 이미지를 객관적으로 바라볼 수 있는 것부터 시작해야 한다. 나만의 이미지 전략과 이미지를 위한 재개발을 해야 한다. 어떤 일이 잘되기를 바란다면 이미지 전략 개발과 함께 평정심을 갖는 것이 굉장히 중요하다.

또한, 객관적인 시각으로 나 자신을 제3자 입장에서 바라보는 습관을 가져야 한다는 것이다. 모든 사람들은 내 자신에 대한 것들을 간과하고 있다는 것이 문제라고 생각한다. 리더십에 관련된 논문에서도 자기성찰이 없는 사람은 리더의 자격이 없는 것이라고 보고되었다. 사람들이 자신을 냉철하게 바라볼 수 있는 능력을 모두 갖췄다면 이미 세상은 평화롭기만 했을 것이다.

이미지 메이킹이라는 용어는 미국의 케네디 대통령을 시작으로 유명해졌다. 전문적으로 이미지 메이킹을 받는다는 역사와 함께 우리나라에 전해지게 되었다고 한다. 공중파 TV에 나와 전 국민에게 얼굴을 비추어야 하는 공인들도 이미지 전문가들의 조언을 구한다. 우리나라에서도 선거 전에든 연예인이든 TV에 나오는 사람들은 모두 전문가의 도움을 받는다. 취업에 앞서 취준생들이 면접을 볼 때 퍼스널 브랜딩(Personal Branding)에 신경을 쓰는 친구들이 많다.

내 이미지를 지키기 위해서 어딜 가든 메이크업을 하는 것이 잘못된 일이라고 말할 수 있을까? 난 어느 기업의 인사팀장이든 어느 말단 직원이든 그 기업을 대표하기 때문에 퍼스널 브랜딩에 신경을 써야 한다고 생각한다.

중요한 자리에 나서기 위해 어떤 높은 자리에 있던 분이 퍼스널 브랜딩에 대해 내게 자문을 구하셨다. 그러나 이미 공중파에서 부정적인 이미지로 크게 타격을 받은 상황이었기에 어려움을 겪고 계셨다. 이미지를 개선하기 위해서 가장 중요한 것은 첫인상으로 사람들은 미간을 먼저 보기 때문에 눈썹 손질이 매우 중요하다. 눈썹의 모양에 따라서 첫인상을 흔들 수 있기 때문이다.

눈썹에 숱이 많은 경우엔 상대방이 날 봤을 때, 인상이 매우 강해보이는 경향이 있다. 그렇기 때문에 숱을 쳐서 눈썹을 조금 없애주고 모양을 잡아 주는 것이 필요하다. 보통 눈썹과 눈 사이가 2~2.5cm 정도가 되어야 이상적인 비율이라고 할 수 있다. 그리고 눈썹 사이의 미간은 양쪽 코 옆으로 맞추어 너무 넓지도 좁지도 않아야 한다. 미간이 너무 좁아 보이면 쫌생이처럼 보일 수 있고 너무 넓으면 맹해 보일 수 있기 때문이다.

두 번째로 중요한 것은 복장에 대한 컬러 선택이다. 퍼스널 컬러

(Personal Color)를 진단하는 것에는 아주 많은 전문가들이 있다. 다양하고 세밀하게 검사를 하지만 실제 일반인들이 입을 수 있는 색상은 한정적이다. 분야에 따라서도 무게감을 주고 신뢰감을 주는 검정 계열을 반드시 입어야 하는 분야가 있기에 색상의 선택은 너무 중요하다.

외국 논문보고서에 의하면 사람마다 본인이 태어날 때부터 가지고 있는 피부의 색상이 쿨(COOL)톤과 웜(WARM)톤으로 나뉘어진다고 한다. 차가운 느낌의 쿨톤을 지니고 있는 사람이 있고 따뜻한 느낌의 웜톤을 지니고 있는 사람으로 구분이 된다는 것이다. 햇볕에 그을리거나 피부가 그을렸을 경우에는 진단을 내리기가 쉽지 않다. 메이크업에서도 립 컬러, 아이쉐도우, 눈썹 색상, 어떤 색상을 선택하느냐에 따라서 나의 이미지가 부드러워 보일 수도 강해 보일 수도 있어서 퍼스널 컬러를 한 번쯤은 진단해보는 것이 좋다.

지금까지는 외적 이미지 브랜딩에 대한 썰을 풀었지만 더 중요한 것은 행동적 퍼스널 브랜딩(Behavior Personal Branding)이다. 사람들이 가장 실수하는 부분은 행동적 퍼스널 브랜딩이다. 걸음걸이, 시선 처리, 고개의 각도, 손짓, 바른 자세, 미소 등으로 너무 많은 요소들이 중요하다.

사실 긍정적인 행동 자세는 건강한 정신과 강한 멘탈이 준비가 되어 있는 사람들에게 나오는 것이다. 그래서 난 MZ세대에게 반드시 미래를 위해 갖추어야 할 부분으로 멘탈 강화를 위해 어려운 경험에 도전하고 극복했던 경험을 갖는 것이라고 말하고 싶다. 코로나 시기에 내가 원하는 일을 하기 위해 해외로 나가서 일자리를 구할 자신이 있을까? 바깥에서 오프라인으로 사람들을 만날 용기가 있을까?

항공사 객실 승무원이 되기 위해서 나도 행동적 퍼스널 브랜딩에 굉장히 신경을 많이 썼었다. 내가 학교를 다닐 당시, 항공운항학과나 승무원학과가 없었기 때문에 준비하는 데 꽤 애를 썼다. 보통 상대적으로 내 자신을 객관적으로 볼 수 없기에 보통 예승이들(예비 승무원)은 카메라 촬영을 하고 전문가에게 피드백을 받는다.

이렇게 행동적 이미지를 객관적으로 판단하기 위해선 사람들을 많이 만날 수 있는 경험을 해야 한다. 카메라 촬영도 면접을 위해 중요하겠지만 평소 태도가 바르지 않다면 결국 촬영도 그다지 의미가 없다. 지금부터 어떻게 나만의 이미지 재개발을 할 수 있는지 풀어보자!

2

화법과 말투부터
바꿔라

자신의 말투와 화법에 어떤 문제가 있는지 면접을 보기 전까지 알 수가 없다. 난 중학교 2학년 때부터 일본어 공부와 영어 공부를 해오며 JLPT1급을 연속 3년 취득한 경험이 있다. 일본인 친구들과 함께 학창 시절을 보냈기 때문인지 더 심도 있게 공부를 해왔었다. 내 시절에는 영어가 초등학교 때 필수 과목이 아니었지만 이상하게도 영어에 관심이 많았다.

영어교육이 없던 시절, 따로 초등학교 6학년 때부터 영어 공부를 시작했다. 이렇게 오랫동안 외국어를 공부하다 보니 언어라는 것은 화법이 너무 중요하단 걸 체감했다.

언어 중에서도 한국어라는 언어는 영어와 확연하게 다르고 표현이 명확한 언어다. 나도 모르게 주변 사람의 기분을 자각하지 못한 화법으로 기분을 나쁘게 하거나 언짢게 할 수 있다. 한국어 면접을 보게 되면 갑자기 쓰지 않던 겸양어, 존경어, 존칭을 써야 한다. 많은 대학생 지원자들이 이 부분을 다 틀리고 어려워들 한다. 우리나라 언어는 다양한 표현과 함께 겸양어, 존경어, 존중어 등등이 있고 표현도 많아서 더 어렵다.

솔직히 난 20대에 내 한국어 화법이 승무원 면접을 보기 전까지 문제가 무엇인지 몰랐다. 승무원이라는 직업은 손님과 제한된 공간에서 서비스 접점에 있기에 반드시 행동과 표정 제스처가 중요한 것이었다. 내가 합격했을 때, 어르신들을 편안하게 모실 수 있는 공손한 화법이 갖추어졌었다. 내가 탈락했던 면접을 돌이켜보면 그런 문제가 있었다는 것을 알 수 있었다.

항공사 객실 승무원이 되기 위해서는 국가 공용어인 영어라는 언어가 필수 요소이다. 그래서 취준생들은 토익, 토익 스피킹, 오픽 등에 치중하는 친구들이 많다. 한국어도 영어도 그 외 일본어나 중국어까지 구사할 수 있는 지원자들도 꽤 많다. 하지만 국내에서만 공부하는 친구들은 많은 어려움을 겪는다. 이렇게 언어에 어려움을 겪는 친구들은 국내에서도 꽤 많은 돈과 시간을 투자한다. 그와 함께 학생 신분으로 할 수 있는 프로그램이 있으니 지원을 꼭 하면 좋겠다.

난 조기 유학파도 아니어서 국내에서 공부하는 친구들의 마음과 고충을 누구보다도 잘 안다. 한국에서 공부하면서 난 빠르게 한계를 느끼게 되었고 예전부터 외국에 나가고 싶었다. 그런 마음이 컸기에 국가청년해외프로그램에 21살에 적극적으로 참여했다. 어떻게 보면 외국인들만 있는 회사에 소속되었다면 한국어 화법을 돌이켜보지 못했을지도 모르겠다.

국내에서 최대한 공부를 했던 경험으로 난 다른 친구들보다 빠르게 어학을 익힐 수 있었다. 미국에서 영어 구사를 할 수 있는 환경에 나 자신을 노출했다. 물론 일본에서도 호텔에서 인턴으로 근무했지만 미국 생활은 생각보다 어려웠다. 미국 생활을 마치고 스페인에 자발적으로 가서 유럽 여행을 하며 견문과 시야를 넓혔다. 여기서 가장 중요한 것은 청년 시절에 나이대가 많은 사람들과 이야기를 나눈 시간이 얼마나 되는지 알아야 한다는 것이다.

해외 경험이 많은데도 조기 유학을 다녀온 친구들이 항공사 면접에 떨어지는 경우를 많이 보았다. 그러한 친구들은 한국 문화와 정서에 이미 가깝지 않은 상황이 되어버린 경우가 많았다. 한마디로 나이대가 있으신 어르신 손님들에게 하는 화법과 말투에 문제가 있었다. 그래서 손님들의 불평이 나올 수 있는 이미지로 보였던 것이다. 예의와 매너를 중요시 하는 우리나라 사람들의 정서는 해외 정서와 확연하게 다르다.

　나도 물론 20대에 해외에서 거주했기에 한국 문화보다 조금은 자유로운 문화가 편하기도 하다. 뭔가 자유로운 분위기와 답답하지 않고 구속이 없는 영어 속에서 자유를 느낀다. 주입식 환경보다 자유로운 분위기 속에서 내 자신의 의사를 표출할 수 있기 때문이다. 해외에서 '어떤 거 먹고 싶냐?'고 물어보면 모르겠다는 표현하는 외국인은 없다. 대부분이 상대방을 배려하는 것보다 자신의 의사를 정확하게 표현을 한다. 이렇게 다른 문화를 한국 정서가 깊게 물든 친구들이 해외에 나가면 당황하는 경우도 많이 있다. 반면 한국인들은 배려심이 많고 잘 어울린다는 이야기들도 많다.

　하지만 해외 항공사 승무원 경우는 매우 많이 다르다. 다국적의 동료들이 근무하는 환경인 해외 항공사에서는 아시아 국적, 유럽, 미국, 아프리카 등등의 동료들이 있기 때문이다. 이런 경우에는 국적에 불문하고 인성과 매너 혹은 개인의 성향에서 대답이 갈린다. 아무리 유럽 국적 친구라도 타 문화에 대한 배려가 있는 외국인 동료는 기본적으로 상대방을 배려한다.

　영어라는 언어에도 손님에게 공손하게 해야 하는 말투와 화법의 표현들이 있다. 내가 처음으로 배운 언어는 영어지만 조금 깊게 공부한 것은 일본어라서 많은 도움이 되었다. 일본어는 우리나라보다 더 엄하게 예의를 중시하는 문화로 극존칭, 존경어, 겸양어 등의 표현들이 많다. 고급스러운 말투를 하는 것이 따로 있을 만큼 일본은 격식의 표현들이 많다. 일본어능력시험인 JLPT1급을 취득하더라도 더 공부를 하지 않으면 모르는 경우가 많다.

  이렇게 어학 능력을 서비스 경험으로 승화시켜 손님을 응대할 때 겸손한 화법을 사용했다. 예의가 깃들게 대화를 했기 때문에 컴플레인을 받아본 적이 없었다. 또한 항공사 면접에서도 그러한 공손한 제스처나 겸손한 말투가 중요하다. 영어에서도 이러한 화법은 묻어나오니 면접관 입장에서 날 채용했다고 확신한다. 영어를 잘하는 사람이 많으니 말을 기똥차게 잘한다고 할 수는 없다. 난 항상 면접 중에 토론 면접을 보는 와중에 면접관이 내가 실수를 해도 합격의 팁을 주었다. 내가 실수를 해도 다른 의견을 한번 이야기해보라고 기회를 한 번 더 주었다.
  그렇게 난 나의 화법과 말투를 시간이 걸렸지만 노력해서 고칠 수 있었다. 그리고 다양한 세대의 사람들과 기내에서는 손님들과 또한 방송인으로 시청자들과 소통해왔다.

말투와 화법의 중요성

승무원으로 근무하면서 너무 좋으신 선배님 한 분 덕분에 항공사에 대한 꿈을 꿨다. 그러나 못된 선배 덕분에 그 회사에 대한 거부감이나 거리낌까지 들 때도 있었다. 참 이렇게 말투와 화법은 어느 조직에서도 동료와의 관계를 좌지우지할 수 있는 것 같다. 또한 후배가 관두고 사직을 결심하는 것에도 상사의 말투와 화법이 원인이라는 것이다.

3

기본적인 매너를
지켜라

예의가 뭔지 아는가? 상도를 아는가? 학교에서도 비즈니스 관계에 있어서도 상도라는 것이 있다. 앞에서도 말했지만 국가 수교를 위해 국가의 대표 수장들은 서로 예의를 갖춘다.

모든 사람들에게 난 이런 상도를 지켜왔기에 SBS 방송국 연기대상 시상식 도우미 직원 채용도 맡게 된 거라고 생각한다. 물론 본인에겐 해당 안 된다고 헛소리라고 생각할 수도 있을 것이다. 타인의 도움으로 내가 그 기회를 얻게 되었다는 것을 한결같이 잊지 않는 모습은 방송국에서 실제로 연예인을 보고 알 수 있었다.

매년 수상을 받게 된 연예인 수상자들은 소감에 잊지 않고 이야기 한다. 자신을 키워주고 성장시켜준 분들의 이름을 빠짐없이 감사의 수상 소감을 길게 전한다. 연예인이라는 직업은 무대에서 눈부시게 빛나며 그를 응원하는 수많은 팬이 있다. 핵인싸 유명 연예인에게 명예와 부도 뒤따른다. 물론 운이 좋지 않은 이들은 노동청에서 해결할 수도 없는 전속 계약서를 쓴다. 보통 8년 이상의 노예계약으로 곤욕을 겪는 경우도 많다고 했다.

방송국에서 일한다는 것은 화려해 보이지만 생방송이다 보니 생각보다 참 어려운 상황이 많다. 직원이 펑크를 낼 수도 있고 생방송 12시간 전부터 대기해서 리허설을 하기 위해 PD님과 연출가 및 관계자분들에게 얼굴도장을 찍어야 한다. 물론 노래를 하는 가수들도 와서 리허설을 하기 때문에 관계자들만 오는 게 아니다. 12월 31일은 새해 바로 전날이지만 낮 12시부터 새해를 모두 방송국에서 맞이하는 것이다.

행사 CS 교육과 채용을 맡은 경험들을 토대로 〈SBS 연기대상〉에 채용을 맡게 된 경험에서 또 다른 에피소드가 있었다. 차근차근 자그마한 행사부터 시작해서 얻게 된 큰일이었는데 한 직원의 매너없는 행동으로 문제가 생겼다. 생방송이니 경력자를 채용했는데 리허설을 하는데 인원도 부족한 상황에서 갑자기 3명 중에서 경력자 두 명이 메인을 못 하겠다고 하는 것이었다.

책임감의 문제가 아닐까? 경력이 있다고 경력이 있다고 거짓말을 한 것이었던가? 난 어떤 일을 할 때, 남 일도 나의 일같이 하는 성향으로 지금까지 살아왔다. 다행히 왠지 모를 불길함으로 이미 난 헤어와 복장을 이미 준비한 상태로 3명의 친구들과 대기를 하고 있었다. 결국 난 더욱 책임감을 느끼고 직접 메인으로 카메라 구조에 맞게 위치를 잡아드리고 시상을 하는 역할을 하게 되었다. 생방송으로 진행되는 연말 연기대상에서 시상식 도우미의 역할은 연예인분들에게 상을 전달해야 한다. 보통 연기자분들은 무대에 서본 경험이 적거나 경황이 없기 때문에 자리와 위치를 잡아주는 역할을 잘해야 한다. 전 국민이 보는 연말 프로그램인 만큼 화면 구도를 생각하고 단정한 복장과 바른 자세가 요구된다.

방송국에는 FD님과 PD님이 계시는데 FD는 Floor Director로 무대 진행자를 일컫는다. FD님은 〈SBS 인기가요〉를 담당하셨던 TV에도 몇 번 나오셨던 분으로 굉장히 낯익은 분이셨다. 내가 팀 리더로 열정적으로 일하는 모습을 보고 칭찬해주시고 뿌듯해 하셨다. 일 잘해야 한다는 것도 내 욕심이기도 하지만 난 누구에게 폐를 끼치는 것은 누구보다도 싫다. 나 하나의 실수나 무책임함으로 팀 전체에 악영향을 줄 수 있다는 것을 객실 승무원으로 근무하면서 몸에 익혀왔기 때문이다.

항공기 객실 승무원이라는 직업은 나 하나의 작은 실수로 큰일이 벌어진다. 늦잠을 자게 된다면 비행기를 책임지는 기장님과 동료 승무원 그리고 수백 명의 승객분들이 기다릴 것이다. 비상 상황에서 무책임한 행동을 저지를 경우, 승객들의 생명이 위험해지는 상황이 연출된다. 책임의식이 약한 사람은 승무원이라는 직업을 할 수가 없다. 승무원이란 직업을 하고 나면 더욱이 책임감에 대해 더 무거운 마음을 갖게 된다.

승무원으로 근무하면서 늦잠을 잔 경험도 손님에게 실수를 저지른 적도 없었다. 단 못된 동료와의 관계에서 괴로움과 고통을 느낀 적은 솔직히 있었다. 모든 사업을 하시는 대표님들은 열심히 하는 나를 예뻐해 주셨다.

난 세상에 모든 사람이 나와 같이 그렇게 책임감 있게 살고 있다고 착각했다. 근데 정말 어려서 몰랐다고 하기엔 나이가 많은데 책임감 없는 모습을 보여야 할까? 학교를 졸업한 성인이 지켜야 할 기본 매너와 상도를 몰라도 될까?

SBS연기대상 시상식 의전

　새해가 되기 전날인 12월 31일 무대 바로 옆으로 수상자인 연예인분들이 등장하기 시작했다. 메인 업무를 못 하겠다는 그 친구는 아주 불량한 태도로 계속 주변인을 불편하게 만들었다. 생방송은 시작되었고 연말에다가 잘못을 꾸짖을 틈도 없어서 그냥 짓궂게 장난을 쳤다. 항공운항과를 졸업한 친구였는데 배웠던 것들은 다 어디로 가고 불량하기만 했다. 되려 내게 임금을 더 주지 않는다며 불평까지 하고 큰 사고를 쳤다. 눈치는 참 일을 할 때 중요한데 센스가 부족하면 상도라도 지켜야 하지 않을까?

방송인에게 생방송이란 것은 언제나 긴장을 하게 만드는 것 같다. 유명 연예인분들이 지속적으로 오시기 시작했는데 옛날부터 팬이었던 신동엽 씨가 MC로 들어오셨다. 베테랑이신 신동엽 씨도 다소 무대 뒤에서 긴장한 모습으로 계셨던 모습이 아른거린다. 눈을 마주치면 눈인사를 하는 것은 기본 매너이다. 난 신동엽 씨에게 눈인사를 하고 힘내시라는 사인도 보내드렸다. 더 감사하고 감동적이었던 것은 내게 '파이팅!'을 해주셔서 참 힘이 났다. 하지만 상도 없는 그 친구는 연예인분들이 오면 팔짱을 끼며 벽에 기대고 계속 불량한 태도를 보였다.

모든 사람 관계에 있어서 반드시 상도라는 것을 지켜야 하는 것이 인간의 기본이 아닐까?

항상 어려운 시기에는 사람이 소중하고 사람이 없으면 이루어 낼 수 없는 일들이 많다. 앞으로도 더욱 이러한 부분이 중요해질 것이라고 믿는다. 물론 그런 부분을 악이용 하면 안 되지만 서로 배려하는 마음으로 비즈니스를 한다면 성공할 수 있을 것이다.

4

자기 성찰을 위한
체크 리스트

나를 가장 잘 알고 있는 사람이 누군지 아는가? 그건 바로 당신의 가족이다. 근데 가족이 자꾸 좋은 말만 칭찬만 한다면 동생이나 오빠나 언니에게 물어보자! 그것도 안 되면 주변에 쓴소리 하는 사람을 샅샅이 찾아다니며 조언을 구하자!

주로 성인들은 자신에 대한 성찰이 없으며 제3자의 눈으로 자신을 보지 못하는 것이 문제라고 생각한다. 대부분의 사람들이 윗자리에 가게 되면 자신에게 거만한 태도가 있다는 것을 잘 알아채지 못한다. 환경이 사람을 만든다고 갈릴레오 철학자가 말했다. 우리가 그 사람을 그렇게 만드는 것일 수도 있다. 윗사람에게 그저 잘못을 말하지 못하는 행동 때문에 그 사람은 봉사가 되는 것일지도 모른다. 그래서 훈수를 주는 사람과 쓴소리를 하는 사람이 나쁘다고만 생각하지 않는다. 사람이 윗자리에 있을수록 사람을 대할 때 아래에서 위로 존경하는 마음으로 바라봐야 한단 것을 항상 새겨야 한다.

객관적으로 입증할 수 있는 많은 도구와 검사들을 우리는 접해왔을 것이다. 보통 학교에서는 MBTI 검사 도구로 자신의 진로나 성향을 확인하게 한다. 많은 사람들은 학교에서 MBTI로 자신의 적성과 성향을 확인해 본 기억이 있을 것이다.

리더십에 관한 논문에서도 자기 성찰이 없는 사람은 리더의 자격이 없는 것이라고 보고되었다. 사람 관계 분석과 타인의 시각에서 자신을 바라볼 수 있는 가장 좋은 도구가 MBTI나 DISC가 아닌가 싶다. 사람들이 자신을 냉철하게 바라볼 수 있는 능력이 있었다면 세상은 이미 모두가 성공했을 것이다.

기업 교육이나 조직에서 많이 활용되는 유명한 자기 성향 검사가 있다. 미국의 심리학자가 개발한 DISC 성향 검사라는 도구이다. 사람의 성향을 일반적으로 네 가지로 나눌 수 있다는 것을 검증하였다. 주도형 D,

사교형 I, 안정형 S, 신중형 C의 네 가지로 성향으로 구분이 된다고 하는 것이다. 하지만 사람은 환경에 따라 이 성향은 변하기 때문에 절대적으로 생각하지 말라고 했다.

자존감이 바닥까지 추락하는 것을 방지하기 위해 내 강점을 찾는 것이 중요하다. 물론 평소에 자신의 단점을 발견하는 것은 자존감을 지키는 것에 도움을 준다. 자신이 주도적인 성향이 강한 D형과 사교적인 I형들은 보통 신중성이 떨어진다는 단점이 있다. 안정적인 성향의 S형과 신중한 성향의 C형은 앞에 나서는 것을 꺼린다. 그리고 새로운 변화되는 환경을 싫어한다는 단점이 있다. 어떤 성향이 본인의 성향인지 부족한 성향을 채워나갈 수 있어야 한다.

주도형 D (Dominant)
[대화하는 방법]
- 장애물을 극복해낼 것이라고 기대감을 표시하라
- 얼마나 열심히 했는지에 초점을 맞추어라
- 간결하되 구체적으로 말하라
- 신뢰감을 주어라
- 현실적인 혜택을 강조하라

사교형 I (Inspring)

[대화하는 방법]

- 그들의 생각을 표현하도록 내버려둬라
- 친숙한 환경을 조성하라
- 그들이 한 일에 초점을 맞추어라
- 그들의 성취를 인정하라
- 말을 행동으로 옮기게 만들어라

신중형 C (Cautious)

[대화하는 방법]

- 당신이 알고 있는 바를 다시 한번 확인하라
- 감정적 호소를 자제하라
- 질문에 주의해서 답변하라
- 구체적인 공통점을 찾아라
- 증거 자료를 제시하라

안정형 S (Supportive)

[대화하는 방법]

- 따뜻하고 기분좋은 분위기를 조성하라
- 천천히 말하고 서두르지 말라

- 그들이 새로운 내용에 적응할 시간을 주어라

- 그들의 관심에 감사를 표시하라

- 정직하게 실연을 해보여라

자신을 평가하기 어려운 사람들을 위해 내가 체크했던 자가 평가 리스트를 공유하고 싶다. 도움이 되기를 바라며 셀프 자가 체크 리스트 점검표를 확인해보자!

	질문	고쳐야 할 보완점
표정	평상시 표정은? 무표정인가? 처음 보는 사람에게 어떤 표정을 짓고 있는가? 대화를 나눌 시 시선은 어디에 있는가?	
예절과 매너	처음 보는 사람에게 먼저 인사를 하는가? 항상 매너 있게 행동하며 배려한다 상대방에게 공감을 잘하는 편인가?	
말투	예의 있는 경어와 (다. 까?)체를 사용하는가? 위 화법을 사용하되 상냥한 편인가? 평소에 긍정적 언어만 쓰는가? 사투리를 쓰지 않는다	
자세	선 자세, 앉은 자세에서 바른 자세를 유지하는가? 대화 시, 손동작이 조잡스럽지 않다.	
발음	특히 발음이 부정확한 단어가 있는가? 무엇인가? 발음하기 어려운 단어가 있다.	

피드백 수용	주변인에게 피드백을 구하는 성향인가? 구하지 못하였다면 그 이유는 무엇인가?	
수업 적극성	수업 요청을 자발적으로 하는가?	
자발성	자발적으로 어떤 활동에 참여를 하고 있는가? 적극적으로 새로운 사람을 만나려고 노력하고 있다 (일주일 기준 최소 3명 이상)	
자기 관리	과거를 성찰하고 반성을 한다. 깨달음을 얻고 성장하려고 ○○를 하고 있다.	

5

하루에 10명 이상 새로운 사람을 만나라

집에만 방콕하고 처박혀 있으면 뭐가 나오는가? 인생이 바뀌는가? 가만히 있으면 정말 변화가 없는, 성장이 없는 인생을 사는 것이다. 2챕터 3꼭지에서도 이야기했지만 난 하루가 아니더라도 일주일에 10명 이상 꼭 새로운 사람을 만나고 소통하려고 노력해왔다. 하루 목표 최소 10명 이상 만나는 습관이 처음에는 어렵다면 단위를 바꿔 일주일에 새로운 사람 1명 만나기를 목표로 삼아 시작하자! 이런 습관을 가지게 되면 좋은 점은 몇 가지로 볼 수 있다.

1. 새로운 사람들을 만나게 되면 내가 가지고 있는 막힌 좁은 시야에서

벗어날 수 있다.

2. 반복되는 변화 없는 지루한 삶에 활기를 얻을 수 있다.

3. 새로운 다양한 사람들의 다른 가치관을 통해 다름을 이해하는 자세를 갖게 된다.

4. 인생에서 중요한 가치관의 변화의 중요성을 느낄 수 있게 된다.

오프라인으로 사람과의 만남에서 활기를 얻어왔던 난 코로나로 인하여 또 한 번 좌절했다. 코로나라는 최악의 바이러스가 널리 퍼지면서 난 갑자기 한순간에 모든 일을 잃어버렸다. 항상 매일이 바쁘던 내가 갑자기 아무런 일을 할 수 없게 되니 큰 충격을 받게 되었다. 답답한 마음을 푸는 방법은 동네 밖에 나가서 운동하고 책을 읽고 지식을 쌓기였다. 하지만 이런 변함없는 삶이 내 인생에 도움이 되지 않는단 생각이 들었다.

한국, 일본, 유럽, 중동 각 대표 항공사 근무 경험만이 내 인생을 만들어 주었다고 생각하지 않는다. 미국과 스페인, 일본에 거주한 경험과 더불어 모든 경험이 내 인생과 날 만들어 주었다고 생각한다. 해외 생활은 내 인생에서 가장 열린 사고방식을 가질 수 있도록 도움을 주었다. 미국이라는 세계 경제를 이끄는 큰 땅에서 난 어학연수만 받고 놀고만 있지 않았다. New York에 대한 기대도 있었지만 난 미국의 수도 Washington D.C 에 살게 되었다. 행정 수도인 워싱턴 D.C는 내게 너무도 생소하고 무지한 도시였다. 하지만 미국의 수도에서 하루 10명 이상 만나기 습관을 가져왔다. 워싱턴 D.C는 서울보다 작은 행정 수도라서 저녁에는 조용하고 잔디와 다람쥐가 뛰어노는 친환경 도시였다.

워싱턴 D.C는 서울보다 작은 행정 수도라 그런지 생각보다 행동반경에 제약이 있었다. 그래도 한국에서 미국까지 건너와서 아무것도 안 하는 것은 내게 정신적인 고통이었다. 난 하루에 10명 만나기 계획을 갖고 활동 반경을 넓혔다. 먼저 새로운 사람과 교류하기 위한 수단은 봉사활동과 대학교 행사에 참석하는 일이었다. 어학연수를 온 동생들과 오빠들도 내가 적극적으로 함께 참여하도록 노력했다. 어떻게든 찾은 봉사 장소는 워싱턴 D.C.에 위치한 세계에서 가장 큰 의회도서관(Library of Congress)이었다. 사실 미국에 있을 당시에는 너무 정신이 없어서 세계에서 가장 큰 도서관인 줄은 몰랐다.

미국에 있는 의회 도서관에서 자원봉사를 하기 위해서 인터넷 검색을 하였다. 의회 도서관 담당자인 공무원에게 봉사활동을 하겠다는 굳은 의지의 메일을 보냈다. 아마 한국인 학생들이 이렇게 적극적으로 자원봉사를 지원한 적은 처음이라고 웃으며 말했다. 그 당시 또한 양 국가의 수장이 한국에 대한 관심도 많았기 때문에 호대접을 받을 수 있었다. 의회 도서관은 장애가 있으신 분들을 위한 시스템이 굉장히 잘 구축이 되어 있었다. 난 시각장애가 있으신 분들을 위한 점자체를 제작하는 봉사를 했다. 의회 도서관을 둘러보고 주민들이 참여할 수 있는 무료 수화(Sign Language) 수업에도 참여했다. 그 당시 영어 능력이 조금 부족한 상황이라 함께 수화 수업에 참여한 미국분들과 소통은 어려웠지만 마음은 하나였다.

워싱턴 D.C 국회의회도서관에서 공무원과 함께 봉사활동 사진

난 특히나 한국을 떠나면 타지에서 더욱 새로운 사람들을 만나기 위해 노력을 해왔다. 워싱턴 D.C에서 받은 잡오퍼는 아시아나항공사에서 근무를 하는 것이었다. 이주하게 된 도시는 미국의 서부에 위치한 로스앤젤레스(L.A)였다. 서부는 지하철이나 버스보다 차를 이용해야 하는 도시였기 때문에 걱정이 되었다. 하지만 새로운 도시에 가는 것에 대해 큰 기대가 있었다. 동부와 분위기가 너무 다른 미국 서부 로스앤젤레스는 관광객도 많았고 할리우드 스타가 되고 싶은 외국친구들이 많았다. 보통 친구들이 겁이 나고 걱정이 많아서 한인 숙박시설이나 호스텔에서 잠시 지낸다. 그리고 한인타운이나 한인들과 함께 사는 도시에서 함께 거주하는 경우가 많다.

미국 서부에서도 난 새로운 사람을 만나야 한다는 목표 의식을 가지고 있었다. 한인이 가장 많은 L.A에서 어떻게 지내야 할지 고민이 제일 많았다. 미국으로 가는 비행기 안에서 옆에 탔던 미국 군인이 준 정보에 따라 관광지였던 베니스비치(Venice Beach)를 찾았다. 충격적이었던 것은 그 호스텔에 동양인은 나밖에 없었다는 것이다. 모두 파란 눈동자와 금발 머리들밖에 없어서 엄청 쫄았던 기억이 난다. 이곳에서 잠시 지내며 일을 시작하게 되면 집을 구해서 나가려고 했었다. 공용 키친에서 저녁식사를 먹는 도중에 갑자기 한 외국인 친구가 내게 대화를 걸었다. 동양인이 나 말고도 있었는데 한국인은 아니었고 일본인이었다. 이곳에서 난 거의 10개국 이상의 다양한 국적의 사람들과 친구가 될 수 있었으며, 열린 사고방식을 배울 수 있었다.

이렇게 갑작스럽게 이 외국인 친구들과 급격하게 친해지게 되었다. 매일 저녁 우리는 다른 문화를 설명하고 카드게임을 하면서 친분을 다졌다. 또한 요시꼬라는 일본인 아주머니가 계셔서 일본어를 할 수 있었던 난 반갑기도 했다. 미국 땅까지 와서 한국인들끼리만 지낼 수 없단 생각이 있었기 때문에 호스텔 생활을 3개월 했다. 지금 생각해봐도 한국에서 특히 한인들과 지내는 것보다 더 즐겁고 재미있었다. 호스텔 특징이 관광객을 맞이하는 시설로 항상 새로운 사람들을 만날 수 있어서 좋았다. 이탈리아인, 이스라엘 사람, 아랍인, 혼혈친구들이 있어서 한국에서는 경험할 수 없는 소통을 했다. 다국적 환경으로 사이가 좋지 않은 국적의 친구들이 싸우는 모습도 보았다.

타 국적 사람들의 특징은 항상 새로운 사람들과의 교류를 중요시한다. 타인과의 관계를 열린 마음으로 받아들이는 것을 중요시하는 모습을 보았다. 코로나로 어떤 활동이라도 하자는 마음으로 21대 국회의원 선거활동에 봉사활동을 했다. 정치에 대한 관심도 없었는데 코로나와 함께 할 수 있는 유일한 활동이었다. 이 활동을 통해서 아주 다양한 계층과 배경의 사람들을 만났고 함께 할 수 있었다. 이 중에서 내게 서울대 세미나 영어 MC를 할 수 있게 도와주신 귀인이 되어주신 분도 계셨다. 무엇보다 나를 포함한 청년들의 정치에 대한 관심이 나라의 발전을 위해서 필요하다는 것을 알았다.

워싱턴 D.C 국회의회도서관에서 주민센터 교육 강사님과

6

당신을 드러내는
크리에이터가 되라

　어렸을 때부터 엄마랑 명동에 손잡고 나가면 MBC, KBS 방송국 카메라 아저씨들이 내 얼굴에 카메라를 비췄다. 스포트라이트를 받은 경험이 이상하게도 참 많이 있다.

　이렇게 어렸을 때부터 방송과의 인연이 시작된 걸까? 토익 공부를 하러 동생과 함께 갔던 유명 학원에서 갑자기 날 붙잡았다. 동생을 공부시키려고 특강을 같이 갔는데 오히려 학원 홍보 촬영을 도와달라고 해서 출연하게 되었다. 경주 엑스포 교육 담당으로 뉴스 기사나 매스컴, 유튜브에 출연을 하게 되었다. 자신이 없는 친구들에게 하고 싶은 말은 누구나 처음부터 잘하는 사람은 없다. 동기를 만들어 자신을 업그레이드 하는 것이 중요하다고 생각한다.

미디어 교육 프로그램을 개발하여 남양주시에 있는 중고등학생들 교육을 맡았었다. 어린 학생들은 특히 사춘기에 제3자의 시각에 매우 민감하고 예민하며 자신이 없는 경우가 많다. 난 사춘기인 친구들이 용기를 가지고 자신감을 주고 카메라와 친해지도록 격려해주었다. 프리랜서가 지속적으로 많아지면서 앞으로의 문제는 협업 능력의 중요성이라고 생각한다. 아무리 전문가라고 하지만 협업 능력을 교육하지 못하면 교육을 할 자격이 없다고 생각한다.

문화예술 분야로 전향해서 영상 콘텐츠 기획과 영상 편집 기술을 공부했다. 콘텐츠 크리에이터라는 직업을 삼아 유튜브개설도 하고 라이브 스트리밍을 하기도 했다. 라이브 스트리밍을 하는 방송인은 보이지 않는 시청자들과 소통을 해야 한다. 얼굴이 보이지 않는 시청자들 앞에서 나의 모습을 모니터링하는 것도 참 중요하다. 시청자들을 웃겨주기도 달래주기도 하며 감정의 선을 터치해주어야 하는 아주 고난이도 직업이다.

코로나로 인하여 일자리를 잃은 어떤 지인 후배는 어렵다며 추운 날 우리 집까지 찾아왔다. 안타까운 마음에 고심하다가 어쩔 수 없이 방송을 해보라고 권하게 되었다. 나의 기대와는 다르게 그 후배는 자신의 모습을 전혀 성장시키고 싶은 마음이 없어 보였다. 시청자들은 도와주고 싶은 마음에 다들 한마디씩 하고 내게도 피드백이 귀에 들어오기 시작했다.

개인방송은 아무래도 직접 방송을 이끌어 나가야 하기 때문에 자유로운 부분이 있다. 자신의 콘텐츠로 나만의 방송국을 나만의 방송을 이끌어나갈 수 있기 때문이다. 방장이 악성 시청자가 불편해서 그 사람이 안 오면 그만이고, 후원을 안 해도 그만이라고 생각해야 한다. 악성 시청자에게까지 불편함을 참으며 방송을 했던 경험도 있다. 인기가 없어질까 조바심을 내고 불안해하는 마음을 이용하는 악성 시청자도 있다.

방송인은 자신의 중심을 잘 잡아야 한다는 것이 너무 어려웠다. 후원이 들어오는 것에만 집중하기보다 서로 힐링하고 소통하는 것을 집중적으로 방송을 해왔다. 항상 매일은 아니더라도 유익함이나 메시지를 전하는 방송을 하는 것도 방송인의 일과 책임이 아닐까?

셀카보다 좋은 방법은 영상으로 녹화해서 본인의 표정과 부정적인 습관을 확인하는 것이다. 승무원 준비생 때부터 웃어서 그런지 카메라 앞에서 웃는 것은 어렵지 않았다. 물론 내게 말도 안 되는 욕설이나 없는 이야기를 지어낸 루머까지 하는 안티 **팬들도 있다**. 개인방송에서는 TV 공영 방송과 다르기 때문에 하꼬방에서는 **더욱** 방송인을 공격하거나 함부로 얘기하기도 한다. 그렇기 때문에 **그럴 때**마다 쉽게 웃어주거나 해맑게 그냥 웃는 표정을 지으면 안 된다.

기내에서도 난동을 부리거나 문제를 일으킬 승객에게 승무원은 가벼운 미소를 보이면 안 된다. 비행기와 승객들의 안전을 위해 경찰, 소방관, 간호사의 업무를 도맡는다. 그러한 비상 상황에 대비하여 승무원들은 단호하게 처신해야 한다. 온라인이라고 해도 내게 함부로 말하고 예의 없이 하는 사람들에게까지 웃을 필요는 없다고 생각한다. 나 자신의 정체성까지 없애면서 가식적인 방송을 할 필요가 없다고 생각한다. 개인방송 라이브 스트리밍은 워낙 시청자가 근접하게 방송인과 함께 다양한 주제로 소통한다. 방송인일지라도 시청자가 방송인에게 잘못하는 부분이 있을 경우에 반드시 시청자를 혼낼 수 있다.

방송인이라는 직업은 감정노동에 시달리는 직업 중에 하나이다. 물론 서비스직도 그렇지만 심한 감정노동으로 우울증이 오기도 하고 힘든 시기가 온다. 또한, 도와주려고 훈수를 주는 사람들이 많아서 보통 멘탈로는 방송 진행이 불가능하다. 일반 국영방송과 다르게 비속어도 쓸 수 있어야 하고 시청자들과 가깝게 소통해야 한다. 특히 방송인은 본인의 멘탈을 자신이 챙겨야 한다는 점이 힘들다. 방송인은 노출이 되어있기 때문에 흥미롭기도 하지만 보호 시스템은 없다. 악성 시청자를 보통 블랙리스트를 걸어 강퇴하거나 경고를 주는 시스템이 있다.

누구나 부족한 부분을 업그레이드 해서 채워나가는 것이 팬을 확보할 수 있는 능력이었다. 하지만 그 후배는 한 달 내내 발전없는 모습으로 큰 대회까지 나간다고 했다. 난 그 친구가 도전하는 것이 참 멋지다고 생각을 했다.

하지만 평소 시청자분들에게 하는 모습으로는 큰 대회에서 상을 타기 어렵다고 예측했다. 승무원을 꿈꾸는 예승이들에게도 반드시 해주고 싶은 말이 있다. 꿈을 꾸는 것은 본인의 자유지만 그만큼의 성장과 노력을 하지 않으면 꿈으로 남을 뿐이다.

한국 직업방송에 몇 번 출연한 적이 있지만 처음 생방송에 출연한 것은 내게 좋은 경험이었다. 사실 그날 너무 긴장돼서 그랬는지 부정확한 발음에 더듬거리는 나 자신에 충격받은 것이었다.

그래서 두 번째 출연하게 된 날에는 엉망이었던 영상을 출연 전날까지 주구장창 보며 연습했다. 난 전문가가 아니었기 때문에 더 전문가보다 단기간의 많은 노력을 해야 했다. 대본도 미리 계속 보며 읽고 또 몇 십 번 이상을 읽으면서 연습하고 훈련했다. 출연 전날에는 3시간 정도 취침하고 방송국으로 발걸음을 향했다. 생방송이기 때문에 잘해야겠다는 마음도 있었지만 나 자신과의 싸움이라고 생각했다. 그래서 세 번째, 네 번째 영상 모두 다 생방송으로 더 프로다운 모습을 보일 수 있었던 것 같다.

유튜브를 그냥 막연하게 시작을 하게 되었다. 이런 사소한 시도와 노력이 모여 라이브 스트리밍 방송도 구상할 수 있었다. 물론 팬분들이 영상 구상에 대해 도와주신 부분도 있기에 감사함을 전하고 싶다. 코로나 시기에 마침 영상을 올려서 몇천 회를 넘겼던 경우도 있었다. 난 시청자들이 궁금해하는 부분을 영상으로 전해주고 싶었다. 자신만의 개성을 표현할 수 있는 것이 영상 콘텐츠이고 문화예술이다. 무엇보다 자신을 100퍼센트 객관적으로 판단하는 매개체로는 카메라와 영상밖에 없다고 생각한다.

나는 나의 모습들을 영상으로 편집하며 성찰하고 깨닫고 성장하고 있다. 이렇게 날 비추는 카메라 렌즈를 통해 영상으로 나 자신을 성장시키고 있다.

나를 업그레이드 하자!

난 항상 내가 부족하다고 생각하기도 하지만 나 자신을 칭찬해 주고 믿으며 살고 있다. 내 자신을 믿게 되는 것은 경험이 있어야 가능한 것이다. 게임을 하는 사람들은 나 자신이라는 인생을 게임이라고 생각하고 나의 캐릭터를 업그레이드시킨다고 생각한다면 어떨까? 게임에서도 경험치가 없다면 적을 이길 수가 없다. 난 현실 세계에서 나 자신의 캐릭터를 항상 업그레이드 하며 살아간다.